Was ist das Schwerste von allem?
Was dir das Leichteste dünket:
Mit den Augen zu sehn,
was vor den Augen dir liegt.

(Goethe)

Franz Haverkamp

Analysen – Symbole

Inspirationen im Tagebuch eines Aufsässigen

6102-07

Unbewusst im Dialog mit dem Unbewussten und der Geistigen Welt

Bibliografische Information der Deutschen Nationalbibliothek:
Die Deutsche Nationalbibliothek verzeichnet diese Publikation in der Deutschen Nationalbibliografie; detaillierte bibliografische Daten sind im Internet über http://dnb.dnb.de abrufbar.

Verlag: BoD · Books on Demand GmbH, In de Tarpen 42, 22848 Norderstedt, bod@bod.de

Druck: Libri Plureos GmbH, Friedensallee 273, 22763 Hamburg

ISBN: 978-3-7693-4625-1

Für

meine Kinder und alle,
die auf der Suche sind nach dem Sinn
ihres Lebens

In

Liebe zu Gott und seiner Schöpfung
und mit Dank an alle, die an der
Entstehung und Bearbeitung
der vorliegenden Texte
beteiligt waren

Inhalt

Vorwort

Berichte über geistige Welten und ihre Verbindungen zu uns gibt es seit Jahrtausenden. Doch die Beschäftigung mit ihnen fällt dem wissenschaftsgläubigen Menschen in der heutigen Zeit sehr schwer. Aufgrund moderner Forschungsergebnisse glaubt er, die Existenz eines materieunabhängigen Geistes anzuzweifeln bzw. negieren zu dürfen, obwohl das Wissen um das Wesen der Materie mit ihren inneren und äußeren Grenzbereichen sowie die Kenntnis der Psyche einschließlich des Unbewussten noch fehlen. Damit wird die allgegenwärtige Kommunikation der Geistigen Welt mit uns bzw. mit unserem Unbewussten außer Acht gelassen, und als Folge davon wird auch nicht hinterfragt, aus welchen geistigen Bereichen unsere Gedanken und unsere daraus resultierenden Entscheidungen kommen.

Wie nachteilig diese Entwicklung für uns Menschen ist, wird in der Buchreihe „Analysen – Symbole, Inspirationen im Tagebuch eines Aufsässigen" dargestellt. Über Inspirationen, die ich von 1957 bis 1966 empfing, aber als solche nicht erkannte, wird

- das Wesen der Inspiration erklärt und damit auf die Existenz von geistigen Welten einschließlich der möglichen Verbindung zu ihnen hingewiesen
- die Anwendung der Traumsymbolsprache, die mir damals noch völlig fremd war, demonstriert
- auf die verhängnisvollen Auswirkungen des Materialismus aufmerksam gemacht
- und im Rahmen einer Psychoanalyse mein eigenes Fehlverhalten und ein solches in unserer Gesellschaft aufgezeigt.
- Schließlich werden sehr wichtige Fragen im Zusammenhang mit unserem Dasein, unserem Zusammenleben und mit dem Ausleben unserer Sexualität diskutiert
- und aus den Texten geht auch hervor, dass unsere Hinwendung zum Himmel, vor allem in Zeiten seelischer Not, nicht unbeantwortet bleibt.

Zum Zeitpunkt der hier vorliegenden Tagebucheintragungen hatte ich infolge meiner damaligen Wissenschaftsgläubigkeit meinen Glauben an Gott und an die Existenz einer geistigen Welt weitgehend verloren. Ich empfand mich nur noch als ein reagierendes Wesen, das seinem Tod und der damit verbundenen Auflösung seiner Existenz entgegenlebte. Dieses bedrückte mich sehr.

Gedanken, die auf Reaktionsabläufen im Gehirn beruhten, mochte ich nicht. Dennoch verspürte ich ein starkes Drängen in mir, zu schreiben. Ich kaufte mir ein Tagebuch. Wenn ich dann nach dem üblichen Eintrag von alltäglichen Geschehnissen mich schriftlich mit einem Problem auseinandersetzen wollte, wusste ich wegen meiner negativen Einstellung der Gedankentätigkeit gegenüber meist nicht, wie ich beginnen sollte. Ich war bereit, Worte zusammenhanglos aneinanderzufügen, um ein reflexhaftes Denken zu durchbrechen und dadurch zu neuen Vorstellungsinhalten zu kommen. Meist saß ich eine Zeit lang gedankenlos vor meinem Tagebuch und wartete auf einen Einfall, der sich dann auch bald einstellte, und zwar mit einem anschließenden Wortfluss, der eine gewisse Zeit andauerte und dann plötzlich wieder abbrach. Wort für Wort dieses Wortflusses schrieb ich ins Tagebuch, ohne zu verstehen, was ich schrieb. Es war oft chaotisch und ähnelte einer schizophrenen Ausdrucksweise. Aber hinterher war ich erleichtert und hatte ein deutliches Gefühl der Zufriedenheit. 1966, mit meinem Eintritt ins Berufsleben, beendete ich meine Tagebucheintragungen. Die Tagebücher bewahrte ich sorgfältig auf. In den 1990er Jahren dachte ich wiederholt daran, sie zu verbrennen, um nach meinem Tod bei meinen

Kindern kein schlechtes bzw. falsches Bild von ihrem Vater zu hinterlassen.

Etwa 40 Jahre später, zu Beginn meines Ruhestandes, fiel mir bei einer Durchsicht der Tagebücher auf, dass die Texte stellenweise einen Dialogcharakter besaßen. Ich wurde neugierig und fand bei der Übertragung der Texte in den Computer schließlich heraus, dass es sich bei ihnen zumeist um verschlüsselte Dialoge mit meinem Unbewussten und mit der Geistigen Welt handelte, wobei ich, und zwar in der Zeit von 1957 bis 1966, ohne dass ich mir dessen bewusst war, als Schreibmedium, als eine lebendige Schreibmaschine fungierte. Die mir übermittelten Texte waren verschlüsselt, und zwar mit Hilfe von

- Traumsymbolen (die ich damals noch nicht kannte)
- Synonymen
- mir oft nicht geläufigen Wortbedeutungen
- Redewendungen bzw. Redensarten
- Wortumstellungen im Satz und Satzfragmenten
- stichwortartigen Hinweisen und
- vereinzelten Wortneuschöpfungen.

Die für die Entschlüsselung der Tagebuchtexte notwendigen Traumsymbole fand ich zumeist in

12

einem Traumlexikon, das zum Zeitpunkt der Tagebucheintragungen noch gar nicht existierte. Ich selbst beschäftigte mich mit der Traumsymbolsprache nach meiner Erinnerung erst 20 bis 30 Jahre später. Die in den Text passenden Synonyme stammen überwiegend aus dem Synonym-Wörterbuch des Duden. Nicht selten musste ich aber ihretwegen im Internet recherchieren. Bezüglich der mir nicht geläufigen Wortbedeutungen wurde ich zumeist im Wörterbuch der deutschen Sprache von Bertelsmann (Wö. d. dt. Spr. v. Be.) fündig. Letzteres wurde erst 2004 gedruckt.

Zu erwähnen ist noch, dass von der mit mir kommunizierenden Geistigen Welt mein Umgang mit den Tagebuchtexten, der zeitliche Ablauf ihrer Identifizierung, die Schwierigkeit ihrer Interpretation und ihre anschließende Veröffentlichung vorausgesagt wurden. Dieses und viele andere in den Texten gemachte und eingetroffene zeitliche Vorhersagen

- beweisen in Verbindung mit den oben angeführten Fakten unwiderlegbar die Existenz eines materieunabhängigen Geistes.

Die in den Tagebüchern von mir selbst – bewusst oder unbewusst – vorgebrachte Kritik ist sehr oft ungerechtfertigt. Sie erinnert an das Verhalten eines kleinen Kindes, das aufgrund seiner Unwissenheit noch ungezogen und aufsässig ist und seiner Umgebung manch einen körperlichen und seelischen Schmerz zugefügt. Ich bitte deswegen meine Leser um Nachsicht bei der Lektüre, zumal die hier vorliegenden Texte, die meinerseits nicht für eine Veröffentlichung bestimmt waren, sozusagen unverändert aus meinen Tagebüchern übertragen wurden.

Die im Buch vorliegenden Tagebuchtexte werden an erster Stelle, abgesehen von geringfügigen Korrekturen, im Original wiedergegeben. An zweiter Stelle folgt ihre Differenzierung bzw. Aufgliederung und an dritter Stelle ihre Deutung. Bei der Aufgliederung wird unterschieden zwischen meinen wachbewussten Äußerungen und solchen meines Unbewussten und der Geistigen Welt. Die Texte wurden von mir viele Male überarbeitet. Trotzdem ist es möglich, dass einzelne Textstellen von mir noch nicht richtig verstanden bzw. gedeutet wurden und einer späteren Korrektur bedürfen.

Abschließend bedanke ich mich bei allen, die mir bei der Bearbeitung und Veröffentlichung meiner Tagebücher geholfen haben.

Tagebuchtexte
vom 1.2. bis 17.7.1961
original, bearbeitet und gedeutet

1. Februar 1961

Die vitale Fahrt geht weiter. Dass ich es so oft erwähne, kommt daher, weil ich zum ersten Mal im Leben die Vorzüge der Vitalität zu spüren bekomme. Sonst war ich immer müde, abgespannt durch körperliche Arbeit, versuchte nachts den verlorenen Tag zu retten, was aber nur eine Steigerung ins Mißliche bedeutete. Noch nie dagewesen, das heißt in den letzten Jahren, war die Tatsache, dass ich den Regen erst beim Hinausgehen spürte. Bisher machte er sich Stunden vorher in meiner Stimmung breit, als ob er mich mit in die Erde nehmen wollte. Immerhin.

Heute Mittag ziemlich unruhig geschlafen, was aber durch die Schwüle der Witterung erklärlich ist. Dann drei Liter Milch getrunken. Anatomie gemacht. Draußen heult der Sturm. Ich gehe gleich ins Kino, weil es hier so still ist.

Letzte Nacht eine ziemlich aufregende Idee gehabt, die mich in meiner Substanztheorie ein gutes Stück weiterbrachte. Herausgefunden, dass das um einen Körper befindliche homogene, vom Körper aus homogene Energiefeld sich im Quadrat seiner Entfernung vermindert, reduziert, das heißt, feste Punkte sind zu errechnen, im (Energiefeld) aber ist die Reduktion kontinuierlich.

Draußen donnert es. Zum ersten Mal in diesem Jahr, am 1.2.1961. Man muss sich dieses Datum merken. Wer weiß, wozu es gut ist.

Ich liebe die G. immer noch, wie komisch, eigentlich zum Lachen – – oder Weinen. Das letzte ist wohl besser, zum Weinen und Glücklichsein, dass es so was Schönes auf der Welt gibt. Das ist überhaupt ein sehr gefährlicher Dualismus mit der Liebe für den heutigen Menschen. Wir stehen an der Wende, wo dem „göttlichen" Liebesverhältnis zwischen einem Mädchen und einem Jungen von der naturwissenschaftlichen Analyse (her) aller Halt verloren geht. Viele Menschen wandern zu jener pseudowissenschaftlichen (wie ich auch mal) Haltung ab, die alles primitivisiert. Das kann und darf gerade für diese Beziehung nie die letzte Reaktion sein. Ich meine, es macht auch den Menschen aus, dass er seine Primitivität und sein Tierisches überwindet, indem er angenähert naturgemäß harmonisch seine Gefühle, sein Leben realisiert.

Ich war eben im Kino. Film: „An den heiligen Wassern". Ort: St. Peter in den Schweizer Alpen. Jetzt arbeite ich ein wenig an der Substanz weiter.

Aufgliederung des Textes

Die vitale Fahrt geht weiter. – Dass ich es so oft erwähne, kommt daher, weil ich zum ersten Mal im Leben die Vorzüge der Vitalität zu spüren bekomme. Sonst war ich immer müde, abgespannt durch körperliche Arbeit, versuchte nachts den verlorenen Tag zu retten, was aber nur eine Steigerung ins Missliche bedeutete. Noch nie dagewesen – das heißt in den letzten Jahren – war die Tatsache, dass ich den Regen erst beim Hinausgehen spürte. Bisher machte er sich Stunden vorher in meiner Stimmung breit, als ob er mich mit in die Erde nehmen wollte.

Immerhin!

Heute Mittag ziemlich unruhig geschlafen, was aber durch die Schwüle der Witterung zu erklären ist. Dann drei Liter Milch getrunken, Anatomie gemacht. Draußen heult der Sturm. Ich gehe gleich ins Kino, weil es hier so still ist.

Letzte Nacht eine ziemlich aufregende Idee gehabt, die mich in meiner Substanztheorie ein gutes Stück weiterbrachte. Herausgefunden, dass das um einen Körper befindliche homogene, vom Körper aus homogene Energiefeld sich im Quadrat seiner Entfernung vermindert, reduziert, das heißt, feste Punkte sind zu errechnen, im

(Energiefeld) aber ist die Reduktion kontinuierlich.

Draußen donnert es, zum ersten Mal in diesem Jahr, am 1. Februar 1961. Man muss sich dieses Datum merken. Wer weiß, wozu es gut ist.

Ich liebe die G. immer noch – wie komisch, eigentlich zum Lachen – oder Weinen. Das letztere ist wohl besser: zum Weinen und Glücklichsein, dass es so was Schönes auf der Welt gibt. Das ist überhaupt ein sehr gefährlicher Dualismus mit der Liebe für den heutigen Menschen. Wir stehen an der Wende, wo dem „göttlichen" Liebesverhältnis zwischen einem Mädchen und einem Jungen von der naturwissenschaftlichen Analyse her aller Halt verloren geht. Viele Menschen wandern zu jener pseudowissenschaftlichen Haltung ab (wie auch ich mal), die alles primitivisiert.

Das kann und darf gerade für diese Beziehung nie die letzte Reaktion sein!

Ich meine, es macht auch den Menschen aus, dass er seine Primitivität und sein Tierisches überwindet, indem er angenähert naturgemäß harmonisch seine Gefühle, sein Leben realisiert.

–

Ich war eben im Kino. Film: „An den heiligen Wassern". Ort: St. Peter in den Schweizer Alpen. Jetzt arbeite ich ein wenig an der Substanz weiter.

Deutung

Die vitale Fahrt geht weiter. –

> ➢ *Nach meiner Erinnerung versuchte ich damals, durch eine Änderung meiner Lebensweise vitaler zu werden.*

Dass ich es so oft erwähne, kommt daher, weil ich zum ersten Mal im Leben die Vorzüge der Vitalität zu spüren bekomme. Sonst war ich immer müde, abgespannt durch körperliche Arbeit, versuchte nachts den verlorenen Tag zu retten, was aber nur eine Steigerung ins Missliche bedeutete. Noch nie dagewesen, das heißt in den letzten Jahren, war die Tatsache, dass ich den Regen erst beim Hinausgehen spürte. Bisher machte er sich Stunden vorher in meiner Stimmung breit, als ob er mich mit in die Erde nehmen wollte.

Immerhin!

➢ *Möglicherweise inspiriert*

Heute Mittag ziemlich unruhig geschlafen, was aber durch die Schwüle der Witterung zu erklären ist. Dann drei Liter Milch getrunken, Anatomie gemacht. Draußen heult der Sturm. Ich gehe gleich ins Kino, weil es hier so still ist.

Letzte Nacht eine ziemlich aufregende Idee gehabt, die mich in meiner Substanztheorie ein gutes Stück weiterbrachte. Herausgefunden, dass das um einen Körper befindliche homogene, vom Körper aus homogene Energiefeld sich im Quadrat seiner Entfernung vermindert, reduziert, das heißt, feste Punkte sind zu errechnen, im (Energiefeld)

➢ *Das in Klammern gesetzte Wort Energiefeld ist eingefügt.*

aber ist die Reduktion kontinuierlich.

➢ *Daran erinnere ich mich heute nur noch wenig. Ich weiß aber, dass ich mir damals nachts oft stundenlang den Kopf zerbrach über das Wesen und die Struktur der Substanz und überhaupt des Seins. Ob die von mir gemachten Aussagen physikalisch stimmen, kann*

24

ich nicht beurteilen und lasse sie darum dahingestellt bzw. offen.

Draußen donnert es, zum ersten Mal in diesem Jahr, am 1.Februar 1961. Man muss sich dieses Datum merken. Wer weiß, wozu es gut ist.

> Denn im Wörterbuch der deutschen Sprache von Bertelsmann (Wö. d. dt. Spr. v. Be.) hat „donnern" an zweiter Stelle die Bedeutung von „laut, brüllend schelten". Und im gleichen Wörterbuch wird „Donnerwetter" an erster Stelle definiert als „laute Schelte".

Ich liebe die G. immer noch − wie komisch, eigentlich zum Lachen − oder Weinen. Das letztere ist wohl besser: zum Weinen und Glücklichsein, dass es so was Schönes auf der Welt gibt. Das ist überhaupt ein sehr gefährlicher Dualismus mit der Liebe für den heutigen Menschen. Wir stehen an der Wende, wo dem „göttlichen" Liebesverhältnis zwischen einem Mädchen und einem Jungen von der naturwissenschaftlichen Analyse her aller Halt verloren geht. Viele Menschen wandern zu jener pseudowissenschaftlichen

Haltung ab (wie auch ich mal), die alles primitivisiert.

**_Das kann und darf gerade für diese Beziehung
nie die letzte Reaktion sein!_**

➤ Dieser Kommentar ist meines Erachtens
am ehesten inspiriert.

Ich meine, es macht auch den Menschen aus,
dass er seine Primitivität und sein Tierisches
überwindet, indem er angenähert naturgemäß
harmonisch seine Gefühle, sein Leben realisiert.

–

Ich war eben im Kino. Film: „An den heiligen
Wassern". Ort: St. Peter in den Schweizer Alpen.
Jetzt arbeite ich ein wenig an der Substanz wei-
ter.

3. Februar 1961

Gestern Morgen pflichtgemäß Vorlesungen besucht, danach gegessen und im Präparierkurs „anwesend" gewesen. Das ist wichtig, weil die Anwesenheit kontrolliert wird und bei unentschuldigtem Fehlen der Schein nicht ausgehändigt wird. Gegen fünf fuhr ich, nachdem ich von meinem Wirt 10 DM geliehen bekommen hatte, nach Hause. Diese Fahrt war insofern bemerkenswert, dass ich auf vereister Hunsrücken-Straße ins Schleudern und in die bedrohliche Nähe eines Grabens kam. Zwei Insassen von einem nachfolgenden Pkw halfen mir, die Isetta wieder vom Abhang heraufzuholen. Zu dieser Zeit hatte ich schon ziemlich Wein getrunken, was aber kaum meine Fahrtüchtigkeit beeinträchtigte. Der Zwischenfall war der Tatsache zuzuschreiben, dass der von den normalspurigen Fahrzeugen in der Mitte zusammengetragene Schnee unangenehmerweise immer unter meinem Hinterradantrieb liegt, weil die Achse dieser Räder ganz kurz ist. Sehr erschöpft zu Hause angekommen. Der Schrei nach einem neuen, größeren Wagen wieder um einige Phon verstärkt.

Heute bis zehn geschlafen. Anatomie gemacht und am Auto gearbeitet. Gegen Abend bis jetzt mit Helmut weg gewesen.

Während der Mittagsruhe die Idee bekommen, mich mit der Vogelsprache zu beschäftigen. Das durch einen an sich geringfügigen Anlass: Ich lag auf dem Sofa. Auf meinem Kopf saß Spatzi, der berühmte Wellensittich, und pfiff mir die Ohren voll. Oder erzählte er etwas? Mit Magnetophonband und Oszillographen, den ich mir bauen muss, werde ich die Schwingungen sichtbar machen und, mit solchen ähnlicher Situationen vergleichend, analysieren. Zu großen Einsichten innerhalb der Ausdruckswelt eines Vogels müsste man da schon kommen können.

Erläuterung

Gestern Morgen pflichtgemäß Vorlesungen besucht. Danach gegessen und im Präparierkurs „anwesend" gewesen. Das ist wichtig, weil die Anwesenheit kontrolliert wird und bei unentschuldigtem Fehlen der Schein nicht ausgehändigt wird. Gegen fünf

> ➤ *Gemeint ist gegen 17:00 Uhr*

fuhr ich, nachdem ich von meinem Wirt 10 DM geliehen bekommen hatte, nach Hause. Diese Fahrt war insofern bemerkenswert, dass ich auf vereister Hunsrücken-Straße ins Schleudern und in die bedrohliche Nähe eines Grabens kam. Zwei

Insassen von einem nachfolgenden Pkw halfen mir, die Isetta wieder vom Abhang heraufzuholen. Zu dieser Zeit hatte ich schon ziemlich Wein getrunken, was aber kaum meine Fahrtüchtigkeit beeinträchtigte. Der Zwischenfall war der Tatsache zuzuschreiben, dass der von den normalspurigen Fahrzeugen in der Mitte zusammengetragene Schnee unangenehmerweise immer unter meinem Hinterradantrieb liegt, weil die Achse dieser Räder ganz kurz ist. Sehr erschöpft zu Hause angekommen. Der Schrei nach einem neuen, größeren Wagen wieder um einige Phon verstärkt.

Heute bis zehn geschlafen, Anatomie gemacht und am Auto gearbeitet. Gegen Abend bis jetzt mit Helmut weg gewesen.

> *Helmut war ein Freund aus meiner Schulzeit.*

Während der Mittagsruhe die Idee bekommen, mich mit der Vogelsprache zu beschäftigen.

> *Bei diesem Vorhaben ist es aber geblieben.*

Das durch einen an sich geringfügigen Anlass: Ich lag auf dem Sofa. Auf meinem Kopf saß Spatzi, der berühmte Wellensittich, und pfiff mir die Ohren voll. Oder erzählte er etwas? Mit Magnetophonband und Oszillographen, den ich mir bauen muss, werde ich die Schwingungen sichtbar machen und, mit solchen ähnlicher Situationen vergleichend, analysieren. Zu großen Einsichten innerhalb der Ausdruckswelt eines Vogels müsste man da schon kommen können.

4. Februar 1961

Von grüner Pferden gehetzt über die Straße am Weg. Da fehlt dem Kutscher der Mut — und er singt so mir nichts dir nichts ein Nationallied zum Abschied. Wenn der Kutscher zur Diskussion gebracht wird, kriegt er Wehen. Doch da man es weiß, wird die Luft zentrifugiert, und heraus kommen die Ungewollten. Wenn man es aber mit Äußerungen zu tun hat, verbrennt der Apfelkuchen und wird wie das Zelt ungenießbar. Wenn aber noch besser grüne Pferde die Landschaft abgrasen, ist der Weg in die Potenz kaum begangen, doch da.

So ist es mit den grünen Pferden und roten Fröschen auf unserer bunten Welt. Alles harmoniert — und harmoniert nicht. Wenn wie Glut im Ofen der Himmel errötet, denkt man manchmal, wie schön. Und geschickt formiert sich die Lösung aus drei alten Kisten, einem Wagenrad und — weil's mit „Wa" anfängt, eine Wasserstoffbombe. Das war natürlich wieder unlogisch, denn — fängt Wasser mit „Wa" an? Das wohl nicht, darum ich höflichst begangenen Irrtum zu entschuldigen bitte. Das Rot des Himmels finde ich aber urkomisch. Zuweilen, es liegt in der Konstruktion der Unallmächtigkeit, ist das Rot unwesentlich.

Im grünen Rad spannen die Pferde den Garten aus. Am Tor wartet das Niemand in freundlicher Verbeugung. Schnell geschieht's. Denn die Eile ist hier geboten. 15 Minuten nach acht oder dazwischen, draußen dunkelt schon die Nacht, hat innen innerhalb der Mauern aus weißem Stein und roher Form eine molekulare Wärmeeinheit begonnen. Der Tisch ist gedeckt. Eine Lampe, ein Stuhl, sonst keine Möbel. So bescheiden wurden die Menschen. Sie wagen nicht mehr Prunk, weil er Tränen kostet. Aber genug. In dritter Wiederholung stürzen die Pferde herein, laut wiehernd. Hunger und Durst entquillt ihren Augen, Liebe und Hass, Größe und Nichts. Ganz gegen ihre Gewohnheit. An Sonntagen fühlen sie mehr von der Zeit, haben Achtung. Sie haben keine Achtung. Für wen, fragen Sie. Da stehen sie im Rund, sehen belustigt auf die verzweifelten Bilder, bephilosophieren den unsichtbaren Hintergrund. Eigentlich, wie nah doch die Interpretation ist, stehen sie doch nicht da, hören voll des Erstaunens die Stille, ihre Stille, denken nach der Philosophie an ihren Zweck.

Nun begibt es sich zufälligerweise so, dass das harte Holz des Hauses in unzählig vielen Variationen variiert. Eigenartig, denn sie lernten, Holz ist Holz und Gift Gift. Doch ihrem Sinn, der jetzt ihrerseits genährt wird, entspringt die kalte Dusche. So für jedermann, an der Südsee, im

Nordmeer und auf dem Abendstern, der mit unverminderter Pracht von sich abstrahlt. Der Tisch ist von einer ganz besonderen runden Form, die Pferden wie an den Leib geschnitten ist. Pferden, wie Pferden – und das gefällt ihnen gut. Aus nächster Nähe fehlt die Unsicherheit der Fremde. Das sonst so Entnervende ist zurückgerufen in die Gewohnheit. Noch stehen sie, fünf aus dem grünen Rad, und warten auf das bestimmte Zeichen, das Zeichen, welches die Fantasie für sie missmutig aufbewahrt hatte. Die Hürde ist endlich in den Boden hineingewachsen.

Aufgliederung des Textes

Von grünen Pferden gehetzt über die Straße am Weg. Da fehlt dem Kutscher der Mut – und er singt so mir nichts dir nichts ein Nationallied zum Abschied.

Wenn der Kutscher zur Diskussion gebracht wird, kriegt er Wehen. Doch da man es weiß, wird die Luft zentrifugiert und heraus kommen die Ungewollten. Wenn man es aber mit Äußerungen zu tun hat, verbrennt der Apfelkuchen und wird wie das Zelt ungenießbar. Wenn aber – noch besser – grüne Pferde die Landschaft abgrasen, ist der Weg in die Potenz, kaum begangen, doch da.

So ist es mit den grünen Pferden und roten Fröschen auf unserer bunten Welt. Alles harmoniert – und harmoniert nicht. Wenn, wie Glut im Ofen, der Himmel errötet, denkt man manchmal: „Wie schön!" Und geschickt formiert sich die Lösung aus drei alten Kisten, einem Wagenrad und – weil's mit „Wa" anfängt – einer Wasserstoffbombe. Das war natürlich wieder unlogisch, denn – fängt Wasser mit „Wa" an? Das wohl nicht, darum ich höflichst begangenen Irrtum zu entschuldigen bitte. Das Rot des Himmels finde ich aber urkomisch.

Zuweilen, es liegt in der Konstruktion der Unallmächtigkeit, ist das Rot unwesentlich!

Im grünen Rad spannen die Pferde den Garten aus. Am Tor wartet das Niemand in freundlicher Verbeugung. Schnell geschieht's, denn die Eile ist hier geboten. 15 Minuten nach acht oder dazwischen, draußen dunkelt schon die Nacht, hat innen innerhalb der Mauern aus weißem Stein und roher Form eine molekulare Wärmeeinheit begonnen. Der Tisch ist gedeckt. Eine Lampe, ein Stuhl, sonst keine Möbel. So bescheiden wurden die Menschen. Sie wagen nicht mehr Prunk, weil er Tränen kostet.

Aber genug!

In dritter Wiederholung stürzen die Pferde herein, laut wiehernd. Hunger und Durst entquillt ihren Augen, Liebe und Hass, Größe und Nichts.

Ganz gegen ihre Gewohnheit!

An Sonntagen fühlen sie mehr von der Zeit, haben Achtung. Sie haben keine Achtung. Für wen, fragen sie. – Da stehen sie im Rund, sehen belustigt auf die verzweifelten Bilder, bephilosophieren den unsichtbaren Hintergrund. Eigentlich …

Wie nah doch die Interpretation ist!

… stehen sie doch nicht da, hören voll des Erstaunens die Stille, ihre Stille, denken nach der Philosophie an ihren Zweck. Nun begibt es sich zufälligerweise so, dass das harte Holz des Hauses in unzählig vielen Variationen variiert. Eigenartig, denn sie lernten, Holz ist Holz und Gift Gift. Doch ihrem Sinn, der jetzt ihrerseits genährt wird, entspringt die kalte Dusche. So für jedermann an der Südsee, im Nordmeer und auf dem Abendstern, der mit unverminderter Pracht von sich abstrahlt. Der Tisch ist von einer ganz besonderen runden Form, die Pferden wie an den Leib geschnitten ist.

Pferden?

Wie Pferden – und das gefällt ihnen gut. Aus nächster Nähe fehlt die Unsicherheit der Fremde. Das sonst so Entnervende ist zurückgerufen in die Gewohnheit. Noch stehen sie, fünf aus dem grünen Rad, und warten auf das bestimmte Zeichen, ...

Das Zeichen!

... welches die Fantasie für sie missmutig aufbewahrt hatte. Die Hürde ist endlich in den Boden hineingewachsen.

Deutung

➢ Tagebucheintrag inspiriert.

Von grünen Pferden gehetzt über die Straße am Weg.

➢ „,... In den antiken Mythen, Sagen und Märchen verkörpert das Pferd biologische Lebenskraft. Der Hengst mit seiner Kraft und Schnelligkeit gilt als Symbol männlicher Vitalität und Potenz ...“ (Günter Harnisch). – „,Grün ist im Traum wie in der Wirklichkeit die Farbe des frischen, neuen naturhaften Lebens.

Es zeigt ein Werden an, noch keine Reife. Grün kann also auch die Bedeutung
von unreif haben." (Günter Harnisch). –
„Straßen oder Wege erscheinen im
Traum als Symbole des Lebenswegs …"
(Günter Harnisch). – Im Wörterbuch
der deutschen Sprache von Bertelsmann (Wö. d. dt. Spr. v. Be.) hat „Weg"
an zweiter Stelle die Bedeutung von
„Richtung, die jemand einschlagen
muss, um ein Ziel zu erreichen". – „Jesus spricht zu ihm: Ich bin der Weg und
die Wahrheit und das Leben; niemand
kommt zum Vater denn durch mich."
(Johannes 14:6)

Da fehlt dem Kutscher der Mut –

> „Alle im Traum auftretenden Personen
  können bestimmte Aspekte der Persönlichkeit des Träumenden wiedergeben
  …" (Günter Harnisch). – Im Wö. d. dt.
  Spr. v. Be. wird „Kutscher" definiert als
  „jemand, der eine Kutsche lenkt". – Im
  gleichen Wörterbuch hat „Kutsche" an
  erster Stelle die Bedeutung von „Pfer-

dewagen für Personen". — .Zu „Kutsche" schreibt Günter Harnisch: „Sie ist
ein ursprüngliches Persönlichkeits- und
Statussymbol. Meist weist sie dabei auf
Verspieltheit und Extravaganz hin.
Manchmal symbolisiert die Kutsche
Flucht aus der Realität in eine Welt der
Fantasie." (Günter Harnisch). — Im oben
genannten Wörterbuch wird „Mut"
definiert als „Furchtlosigkeit, Unerschrockenheit".

und er singt so mir nichts dir nichts ein Nationallied zum Abschied.

> Nämlich zum Abschied von seinem Kut-
scherdasein. — „Ich kann ein Lied davon
singen" bedeutet nach dem Lexikon der
sprichwörtlichen Redensarten „ich kann
davon aus eigener (schlimmer) Erfah-
rung berichten".

Wenn der Kutscher zur Diskussion gebracht wird,

> Nämlich wie hier im Tagebuch. — „Je-
manden bringen" hat im Wö. d. dt. Spr.
v. Be. unter anderem die Bedeutung
von „jemanden veranlassen, etwas zu

tun oder nicht zu tun, jemanden in einen Zustand versetzen".

kriegt er Wehen.

> Im Wö. d. dt. Spr. v. Be. hat „wehen"
an erster Stelle die Bedeutung von
„(von der Luft, dem Wind) in Bewegung
sein". – „... Oft ist der Wind Hinweis
auf starke geistige Energien. [...] Wo eine starke geistige Bewegtheit einsetzt,
dort teilt sie sich oft im Traum als her-
annahender Sturm mit ..." (Günter
Harnisch)

Doch da man es weiß,

> Nämlich seitens der Geistigen Welt

wird die Luft zentrifugiert

> Also von innen nach außen bewegt. –
Zu „Luft" schreibt Günter Harnisch:
„Sie gilt als Symbol für schöpferisches
Denken und die Kräfte der Fantasie ..."
– „... Von jeher ist nun die Luft als das
Medium des Geistes empfunden worden
..." (Ernst Aeppli)

und heraus kommen die Ungewollten.

> Also ungewollte Äußerungen. – Nach
dem Wö. d. dt. Spr. v. Be. hat „unge-

wollt" die Bedeutung von „nicht ge-
wollt", zum Beispiel „eine ungewollte
Schwangerschaft".

Wenn man es aber mit Äußerungen zu tun hat,

> Nämlich mit solchen „ungewollten" Äu-
ßerungen

verbrennt der Apfelkuchen und wird wie das Zelt
ungenießbar.

> Im Wö. d. dt. Spr. v. Be. hat „verbren-
nen" an zweiter Stelle die Bedeutung
von „durch zu große Hitze zu braun
oder schwarz werden". — „... In der
Psychoanalyse gilt der Apfel wegen seiner Ähnlichkeit mit der Form der
weiblichen Brust als ein typisches Sexu-
alsymbol. Diese Deutung trifft vor allem
dann zu, wenn der Apfel in einem ero-
tischen Traumzusammenhang erscheint
..." (Günter Harnisch). — Zu „Kuchen"
heißt es beim gleichen Autor: „Dieses
Traumbild weist auf verfeinerte, seelische, geistige oder körperliche Bedürfnisse hin." — Das Synonym für „Zelt"
ist nach dem Duden „Wigwam".

Wenn aber – noch besser – grüne Pferde die Landschaft abgrasen,

> „Der Blick auf eine Landschaft symbolisiert in der Sprache unserer Träume meist die Lebensperspektiven des Träumenden. Sie sind so beschaffen, wie sich ihm die Traumlandschaft präsentiert ..." (Günter Harnisch)

ist der Weg in die Potenz, kaum begangen, doch da. So ist es mit den grünen Pferden und roten Fröschen auf unserer bunten Welt.

> „Die Farbe Rot drückt Leidenschaft, Sinnlichkeit, Feuer und gesteigerte Vitalität aus. Aber Rot ist auch die Farbe der Revolution, der blutigen Unterdrückung ..." (Günter Harnisch). – „Träume von Fröschen treten fast immer bei Mädchen und Frauen auf, während sie bei Männern sehr selten vorkommen. Die Bedeutung des Frosches im Traum gleicht der im Märchen der Gebrüder Grimm vom Froschkönig. Dort verwandelt sich der kalte, glitschige Frosch in einen wunderschönen Prinzen, nachdem die Prinzessin ihm auf Befehl ihres Va-

ters, des Königs, Nahrung gegeben und ihn in ihrem Bett gewärmt hat. Die kalte, unpersönliche Seite der Sexualität wandelt sich erst dann zur vollen Erfülltheit, wenn sie in das wärmende Gefühl einer seelischen Beziehung zum Partner eingebettet ist." (Günter Harnisch)

Alles harmoniert – und harmoniert nicht.

➢ Im Wö. d. dt. Spr. v. Be. hat „harmonieren" an erster Stelle die Bedeutung von „zusammenklingen, zusammenpassen" und an zweiter Stelle von „friedlich zusammenleben, gut zusammenarbeiten".

Wenn, wie Glut im Ofen, der Himmel errötet,

➢ Im Wö. d. dt. Spr. v. Be. hat „Glut" an vierter Stelle die Bedeutung von „starkes Gefühl, heftige Leidenschaft", zum Beispiel „die Glut seiner Liebe". – „Der Ofen stellt im Traum den Bereich der Gefühlswärme dar. Ist der Ofen kalt, so fehlt es an emotionaler Wärme im Haus. Dieses Traumbild ist als Informa-

tion über Probleme in der Partnerschaft zu verstehen." (Günter Harnisch)
denkt man manchmal: „Wie schön!" Und geschickt formiert sich die Lösung

> ➢ „Etwas schicken" bedeutet nach dem
Wö. d. dt. Spr. v. Be. „veranlassen, dass
etwas an einen Ort, zu jemandem ge-
bracht, befördert wird". — Im gleichen
Wörterbuch hat „Lösung" an erster
Stelle die Bedeutung von „das Loslösen,
Trennen".

aus drei alten Kisten,

> ➢ Wohl mit einem Bezug zu der Zahl
meiner Beziehungen. — Im Wö. d. dt.
Spr. v. Be. hat „alt" an zweiter Stelle
unter anderem die Bedeutung von
„schon lange in Gebrauch befindlich,
schon lange bestehend". — „In der
Traumsprache symbolisieren Gefäße aller Art meist den Leib der Frau und die
weiblichen Sexualität. Das gilt nicht nur
für Gefäße mit runden Formen, sondern
ebenso für Dosen, Kästen, Koffer, Kör-

be, Schachteln und Taschen ..." (Günter Harnisch)

einem Wagenrad

> ➢ Gemeint ist ein „Rad" der oben ange-führten Kutsche. Zu „Rad" bzw. Kreis schreibt Günter Harnisch: „Der Kreis ist, wie auch der Ring, ein Ganzheits-symbol. [...] Allgemein signalisiert der Kreis im Traum eine Konzentration psychischer Energie."

und – weil's mit „Wa" anfängt – einer Wasser-stoffbombe.

> ➢ „Die AN602 war eine Wasserstoffbom-be, die am 30. Oktober 1961 im Nor-den der Sowjetunion gezündet wur-de. Sie war die stärkste jemals gezün-dete Wasserstoffbombe und erzeugte die größte jemals von Menschen verursachte Explosion ..." (Wikipedia)

Das war natürlich wieder unlogisch,

> ➢ Synonyme für „unlogisch" sind nach dem Duden unter anderem „absurd, folgewidrig, nicht folgerichtig, widersin-nig".

denn – fängt Wasser mit „Wa" an?

44

> ,,Das Wasser symbolisiert im Traum un-
> bewusste seelische Energie ...'' (Günter
> Harnisch)

Das wohl nicht,

> Denn im Prolog des Johannesevangeli-
> ums heißt es zu Beginn: ,,Im Anfang
> war das Wort und das Wort war bei
> Gott, und das Wort war Gott. Im An-
> fang war es bei Gott. Alles ist durch das
> Wort geworden und ohne das Wort
> wurde nichts, was geworden ist.''

darum ich höflichst begangenen Irrtum zu entschuldigen bitte. Das Rot des Himmels finde ich
aber urkomisch.

> Denn ,,Die Farbe Rot drückt Leiden-
> schaft, Sinnlichkeit, Feuer und gestei-
> gerte Vitalität aus. Aber Rot ist auch
> die Farbe der Revolution, der blutigen
> Unterdrückung ...'' (Günter Harnisch)

***Zuweilen, es liegt in der Konstruktion der
Unallmächtigkeit, ist das Rot unwesentlich!***

> Nach dem Wö. d. dt. Spr. v. Be. hat
> ,,allmächtig'' die Bedeutung von ,,All-

macht besitzend, Macht über alle(s) habend".

Im grünen Rad spannen die Pferde den Garten aus.

> „Grün ist im Traum wie in der Wirklichkeit die Farbe des frischen, neuen naturhaften Lebens. Es zeigt ein Werden an, noch keine Reife. Grün kann also auch die Bedeutung von unreif haben." (Günter Harnisch). – Zu „Rad" bzw. Kreis schreibt Günter Harnisch: „Der Kreis ist, wie auch der Ring, ein Ganzheitssymbol. [...] Allgemein signalisiert der Kreis im Traum eine Konzentration psychischer Energie." – „Die Beziehung zwischen dem Pferd und seinem Herrn dürfte in früheren Zeiten die persönlichste gewesen sein, die zwischen Tier und Mensch überhaupt denkbar ist. In den antiken Mythen, Sagen und Märchen verkörpert das Pferd biologische Lebenskraft. Der Hengst mit seiner Kraft und Schnelligkeit gilt als Symbol männlicher Vitalität und Potenz. Die

Stute gilt als Muttersymbol ..." (Günter Harnisch). − Im Wö. d. dt. Spr. v. Be. hat „ausspannen" an erster Stelle die Bedeutung von „aus dem Gespann nehmen". − „Der Garten ist im Allgemeinen ein Symbol der partnerschaftlichen Beziehung. Er zeigt Wachstum, Fruchtbarkeit, Lebensfreude an und hat fast immer eine positive Bedeutung ..." (Günter Harnisch)

Am Tor wartet das Niemand in freundlicher Verbeugung.

> Nach dem Wö. d. dt. Spr. v. Be. hat „niemand" (als unbestimmtes Pronomen) die Bedeutung von „kein Mensch, keine Person".

Schnell geschieht's, denn die Eile ist hier geboten.

> Wohl beim Eintrag ins Tagebuch

15 Minuten nach acht oder dazwischen,

> 15 Minuten nach 20:00 Uhr ...

draußen dunkelt schon die Nacht, hat innen innerhalb der Mauern aus weißem Stein und roher Form

➤ Nämlich innerhalb meines Studenten-
zimmers in Beeden während des Win-
tersemesters 1960/61. – „Das Haus
stellt im Traum das Gehäuse der Seele
dar ..." (Günter Harnisch)
eine molekulare Wärmeeinheit begonnen.

➤ Umschrieben ist damit wohl zunächst
der angemacht bzw. angesteckte Ofen
im Zimmer. – Im Wö. d. dt. Spr. v. Be.
wird „Molekül" definiert als „kleinste,
aus zwei oder mehr Atomen bestehende
Einheit einer chemischen Verbindung".
– „Der Ofen stellt im Traum den Be-
reich der Gefühlswärme dar. Ist der
Ofen kalt, so fehlt es an emotionaler
Wärme im Haus. Dieses Traumbild ist
als Information über Probleme in der
Partnerschaft zu verstehen." (Günter
Harnisch)
Der Tisch ist gedeckt.

➤ „Den Tisch decken" bedeutet nach dem
Redensarten-Index „das, was man zum
Essen braucht, auf den Tisch stellen". –
Zu „essen" bzw. Hunger schreibt Günter

Harnisch unter anderem: „Dieses Traumbild weist auf einen Mangel hin. Es symbolisiert körperliche oder geistig-seelische Bedürfnisse …"

Eine Lampe, ein Stuhl, sonst keine Möbel.

> „Das Bild der Lampe oder Laterne findet sich öfters in den Märchen. Es erscheint dort stets, wenn die Handlung darauf zielt, dass dem Helden ein Licht aufgehen soll, oder wenn das Aufgehen eines solchen Lichtes unmittelbar bevorsteht. Im Traum deutet das Bild eines Lichts, einer Lampe oder Laterne darauf hin, dass ein dem Träumenden unbewusstes Problem sich dem Bewusstsein nähert." (Günter Harnisch). – Synonyme für Stuhl sind nach „SYNONYME.DE" unter anderem Sitzgelegenheit, Platz, Residenz".

So bescheiden wurden die Menschen. Sie wagen nicht mehr Prunk, weil er Tränen kostet.

Aber genug!

In dritter Wiederholung stürzen die Pferde herein,

> Gemeint ist – in Verbindung mit meiner Lebensgeschichte – meine dritte Wiederholung einer Beziehung zu einem Mädchen bzw. einer Frau. Die erste Wiederholung einer solchen Beziehung fand 1963 statt, die zweite Wiederholung 1964 und die dritte 1998. Zur letzteren kam es durch die Wiederaufnahme der Beziehung von 1963.

laut wiehernd.

> Im Wö. d. dt. Spr. v. Be. hat „wiehern" an dritter Stelle die Bedeutung von „laut, stark lachen", zum Beispiel „wir haben gewiehert, als er das erzählte".

Hunger und Durst entquillt ihren Augen, Liebe und Hass,

> „Im Volksmund bezeichnet man die Augen als den Spiegel der Seele. Das Auge hat im Traum die Symbolbedeutung eines Bewusstseinsorgans ..." (Günter Harnisch)

Größe und Nichts.

Ganz gegen ihre Gewohnheit!

> Denn ich sprach ja von „Pferden".

An Sonntagen fühlen sie mehr von der Zeit, haben Achtung.

> Synonyme für „fühlen" sind nach dem Duden unter anderem „bemerken, empfinden, erfahren, erleben, spüren, verspüren, gewahren". — Nach dem Wö. d. dt. Spr. v. Be. hat „Achtung" die Bedeutung von „Anerkennung des Wertes, Wissen um den Wert von etwas oder jemandem".

Sie haben keine Achtung.

> Nämlich vor dem, was ich in meinen Tagebüchern geschrieben habe.

Für wen, fragen sie. — Da stehen sie im Rund,

> Nämlich am Biertisch

sehen belustigt auf die verzweifelten Bilder,

> sehen belustigt auf die verzweifelten Bilder in meinen Tagebüchern. — Im Wö. d. dt. Spr. v. Be. hat „Bild" an vierter Stelle die Bedeutung von „anschaulicher Ausdruck", zum Beispiel „in Bildern sprechen".

bephilosophieren den unsichtbaren Hintergrund.

> Im Wö. d. dt. Spr. v. Be. hat „Hintergrund" an dritter Stelle die Bedeutung

von „verborgene Ursachen und Zusammenhänge".

Eigentlich ...

Wie nah doch die Interpretation ist!

... stehen sie doch nicht da, hören voll des Erstaunens die Stille, ihre Stille,

> ➤ Denn: „Aber Jesus sprach zu ihm: Folge du mir und lass die Toten ihre Toten begraben!" (Matthäus 8:22)

denken nach der Philosophie an ihren Zweck.

> ➤ Im Wö. d. dt. Spr. v. Be. hat „Zweck" an erster Stelle die Bedeutung von „Ziel (eines Tuns)".

Nun begibt es sich zufälligerweise so, dass das harte Holz des Hauses in unzählig vielen Variationen variiert.

> ➤ Denn „er ist aus anderem Holz geschnitzt" bedeutet nach dem Wö. d. dt. Spr. v. Be. „er ist anders geartet, er hat eine andere Veranlagung". Und „weiches, biegsames Holz junger Bäume deutet auf die Anschauungen und Verhaltensweisen, die sich im Laufe des Lebens eines Menschen entwickeln. Ist das

Holz alt, morsch, abgestorben, verwittert oder splitternd, so deutet das darauf hin, dass der Träumende starr geworden ist, sich kaum noch anpasst und sich nur widerwillig weiterentwickelt ..." (Günter Harnisch). — „Das Haus stellt im Traum das Gehäuse der Seele dar ..." (Günter Harnisch)

Eigenartig,

> Im Wö. d. dt. Spr. v. Be. hat „eigenartig" an erster Stelle die Bedeutung von „anders als die Übrigen", zum Beispiel „er ist ein eigenartiger Mensch", und an zweiter Stelle von „merkwürdig, seltsam, ungewöhnlich".

denn sie lernten, Holz ist Holz und Gift Gift. Doch ihrem Sinn,

> Nämlich diesem erlernten Sinn von „Holz" und „Gift". — Im Wö. d. dt. Spr. v. Be hat „Sinn" an siebenter Stelle die Bedeutung von „Bedeutung, innerer, geistiger Gehalt", zum Beispiel „den tieferen Sinn von etwas erfassen".

der jetzt ihrerseits genährt wird,

> ➤ „Etwas nähren" bedeutet nach dem Wö. d. dt. Spr. v. Be. „wachsen lassen, Gestalt gewinnen lassen".

entspringt die kalte Dusche.

> ➤ Eine „kalte Dusche" hat nach dem Wö. d. dt. Spr. v. Be. (im übertragenen Sinn und umgangssprachlich) die Bedeutung von „Ernüchterung, Enttäuschung".

So für jedermann an der Südsee, im Nordmeer

> ➤ „Spielt in einem Traum die Himmelsrichtung eine Rolle, so befindet sich der Träumende oft in einer Aufbruchsituation. Der Weg nach Süden ist in der Traumsprache häufig mit einer Gefühlsqualität von Wärme und Willenskraft verbunden. Dagegen führt der Weg nach Norden eher ins Kühle, in das Reich der Intuition ..." (Günter Harnisch)

und auf dem Abendstern,

> ➤ Der Abendstern ist die Venus, und zu Venus heißt es beim „Der Traumdeuter. ch": „Psychologisch: Dieser Planet symbolisiert all die erotischen Bedürfnisse

und Gefühle sowie sexuellen Leidenschaften ..."

der mit unverminderter Pracht von sich abstrahlt.

> Synonyme für „abstrahlen" sind nach
> Woxikon unter anderem „senden, ver-
> breiten, ausbreiten, aussenden".

Der Tisch ist von einer ganz besonderen runden
Form,

> Zurückkommend auf obige Textstelle:
> „Da stehen sie im Rund"

die Pferden wie an den Leib geschnitten ist.

> Gemeint ist der Biertisch.

Pferden?

Wie Pferden – und das gefällt ihnen gut.

> Nämlich die Höhe des Tisches

Aus nächster Nähe

> Nämlich am Biertisch

fehlt die Unsicherheit der Fremde.

> Nach dem Wö. d. dt. Spr. v. Be. hat
> „Fremde" (poetisch) die Bedeutung von
> „fremdes Land, Ausland".

Das sonst so Entnervende

> Nämlich das Leben im Alltag. – Nach dem Wö. d. dt. Spr. v. Be. hat „entnerven" die Bedeutung von „der Nervenkraft berauben, nervös, ungeduldig machen".

ist zurückgerufen in die Gewohnheit.

> Im Wö. d. dt. Spr. v. Be. wird „Gewohnheit" definiert als „häufig wiederholte und dadurch selbstverständlich gewordene Handlung".

Noch stehen sie,

> Nämlich am Biertisch

fünf aus dem grünen Rad,

> Zur Symbolbedeutung der „Fünf" schreibt Günter Harnisch: „In der Zahlensymbolik vieler Lehren bedeutet die Fünf, das Fünfeck, der fünfzackige Stern die Zahl des natürlichen Menschen. Sie ergibt sich aus dem Bild eines Menschen mit ausgestreckten Armen und Beinen, die zusammen mit dem Kopf ein Fünfeck bilden. Die Fünf erhält ihre Bedeutung auch von den fünf Sinnen her, die der Mensch hat." – „Grün

ist im Traum wie in der Wirklichkeit die Farbe des frischen, neuen naturhaften Lebens. Es zeigt ein Werden an, noch keine Reife. Grün kann also auch die Bedeutung von unreif haben." (Günter Harnisch). – Zu Rad bzw. Kreis schreibt Günter Harnisch: „Der Kreis ist, wie auch der Ring, ein Ganzheitssymbol. [...] Allgemein signalisiert der Kreis im Traum eine Konzentration psychischer Energie."

und warten auf das bestimmte Zeichen, ...

Das Zeichen!

> Im Wö. d. dt. Spr. v. Be. hat „Zeichen" an erster Stelle die Bedeutung von „etwas Wahrnehmbares, das einen Hinweis geben soll".

... welches die Fantasie für sie missmutig aufbewahrt hatte.

> Nämlich meine Fantasie. – Im Wö. d. dt. Spr. v. Be. hat „Fantasie" an zweiter Stelle die Bedeutung von „Einbildungskraft, Erfindungsgabe, Einfallsreich-

tum". – „Missmutig" darum, weil ich damals keinen Sinn in meinen Tagebuchtexten erkennen konnte. In den Neunziger Jahren dachte ich längere Zeit daran, sie zu verbrennen.

Die Hürde ist endlich in den Boden hineingewachsen.

> Nämlich für die angeführten „Pferde". – Synonyme für Hürde sind nach dem Duden unter anderem „Barriere, Hindernis, Hemmnis".

5. Februar 1961 (Fortsetzung vom Vortag)

Was steht er da herum, hat er Langeweile – oder die Hosen voll?
Er steht nicht, nein, fürwahr, das nicht, er möchte es schon, sehr gern, aber ihm fehlt der Mut. Ihn hat der Mut verlassen.

—

2387

Wie nett, denkt er, hat die Stadt die Anlagen gemacht. Bäume, Blumen, Wiesen, ein herrliches Wetter, sein Herz möchte mit den Vögeln jubilieren. Er geht durch den Park. Ein Weiher mit großen weißen Schwänen. Er geht hinunter zum Rand des Wassers und setzt sich. Die Erde ist noch nass vom letzten Regen, feine Wassertröpfchen an den Spitzen der Grashalme, und auf den breiten, muldenförmigen Blättern der Blumen kleine Seen. Neugierig kommen die Schwäne heran, majestätisch, auf Abstand. Die Enten treiben ganz nahe zu seinen Füßen. Sie warten auf Futter. Das weiß er. Jeden Sonntagnachmittag kommen die vielen Spaziergänger bei schönem Wetter und füttern die Enten und Schwäne. Dann ist immer großes Geschrei auf dem Wasser, denn alles hetzt nach den hingeworfenen Brocken.

Aufgliederung des Textes

Was steht er da herum? Hat er Langeweile – oder die Hosen voll?

Er steht nicht, nein, fürwahr, das nicht, er möchte es schon, sehr gern, aber ihm fehlt der Mut. Ihn hat der Mut verlassen.

2387

Wie nett ...

Denkt er!

... hat die Stadt die Anlagen gemacht: Bäume, Blumen, Wiesen. Ein herrliches Wetter.

Sein Herz möchte mit den Vögeln jubilieren. Er geht durch den Park.

Ein Weiher mit großen weißen Schwänen.

Er geht hinunter zum Rand des Wassers und setzt sich.

Die Erde ist noch nass vom letzten Regen. Feine Wassertröpfchen an den Spitzen der Grashalme, und auf den breiten, muldenförmigen Blättern der Blumen kleine Seen.

Neugierig kommen die Schwäne heran, majestätisch, auf Abstand. Die Enten treiben ganz nahe zu seinen Füßen.

Sie warten auf Futter.

Das weiß er!

Jeden Sonntagnachmittag kommen die vielen Spaziergänger bei schönem Wetter und füttern die Enten und Schwäne. Dann ist immer großes Geschrei auf dem Wasser, denn alles hetzt nach den hingeworfenen Brocken.

Deutung
> ➢ Tagebucheintrag inspiriert.

Was steht er da herum? Hat er Langeweile – oder die Hosen voll?

> ➢ (Eine mich kritisierende innere Stimme) – „Herumstehen" hat nach Woxikon unter anderem die Bedeutung von „untätig sein". – Im Wö. d. dt. Spr. v. Be. wird „Langeweile" definiert als „Fehlen von Abwechslung, Öde, Eintönigkeit". – „Er hat die Hosen (gestrichen) voll" be-

deutet nach dem gleichen Wörterbuch (vulgär) „er hat Angst".

Er steht nicht, nein, fürwahr, das nicht, er möchte es schon, sehr gern, aber ihm fehlt der Mut. Ihn hat der Mut verlassen.

➢ (Ein von mir, aber unbewusst bzw. automatisch schreibend, respektierter Gesprächspartner) – Im Tagebucheintrag vom Vortag hieß es: „Da fehlt dem Kutscher der Mut ..." – Im Wörterbuch der deutschen Sprache von Bertelsmann (Wö. d. dt. Spr. v. Be.) wird „Mut" definiert als „Furchtlosigkeit, Unerschrockenheit".

2387

➢ Warum ich die Zahl 2387 hier als Überschrift hinschrieb, weiß ich nicht mehr. In Verbindung mit den vielen Symbolen im nachfolgenden Text halte ich es aber für möglich, dass die Einzelzahlen, aus welchen sie sich zusammensetzt, auch symbolisch zu verstehen sind. Darum hier ihre entsprechenden Bedeutungen: „In der Traumbedeutung der Zahlensymbolik deutet die Zwei auf Gegensätzlichkeit und Widersprüchlichkeit, aber auch auf Ausgleich und Auflösung der Gegensätze hin." (Günter Harnisch). – „Ist die Eins die Zahl des allumfassenden, unteilbaren Bewusstseins Gottes, der Wahrheit und des Lebens, so ist die Zwei Ausdruck der Erscheinungsform der sich *in* Seinem Bewusstsein als Gedanke fortsetzenden Welt. Indem sich dieser Gedanke verdichtet und differenziert und daraus die vielen tausend Dinge entstehen, ist er immer noch eins mit Gott, erscheint aber als getrennte, eigenständige Existenz. Selbst Träger von Bewusstsein, erscheinen all die Gedanken, Dinge und Individuen – indem sie konkrete Formen annehmen – als selbstständige, unabhängige und getrennte Seinsformen ..." (Heinrich Elijah Benedikt in ‚Die Kabbala') – „Seit dem Altertum gilt die Drei als magische Zahl. In Indien sind Brahma, Vishnu und Shiva eine göttliche Dreiheit. Auch altägyptische und die christlichen Religionen gehen von der Dreifaltigkeit Gottes aus. [...] Die Drei hat ein männliches Vorzeichen. Sie ist Symbol des Geistes und der schöpferischen Dynamik." (Günter Harnisch). – „Drei ist die Zahl des Geistes ..." (Heinrich Elijah Benedikt in „Die Kabbala") – „Die Zahl Acht ist ein Ganzheitssymbol. Das Traumbewusstsein deutet so auf Vollständigkeit hin. Die indische Weisheitslehre spricht vom achtfachen Weg Buddhas. In der Musik umfasst die Skala der Töne eine Oktave. Der Würfel als vollkommene geometrische Ganzheit hat acht Ecken ..." (Günter Harnisch). – „Die Acht gilt gemeinhin als die Zahl der Unendlichkeit. So ist denn auch die liegende Ziffer – die Lemniskate – das mathematische Unendlichkeitszeichen ..." (Heinrich Elijah Benedikt in „Die Kabbala"). – „Seit alters her gilt die Sieben als magische und als heilige Zahl. In der Traumsprache weist die Sieben auf Wechsel, Wandlung der Persönlichkeit und auf Veränderungen hin." (Günter Harnisch). – „Die Sieben ist als ungerade und wiederum einheitsetzende Zahl die Lösung und die Frucht der Sechs. Sie eröffnet die dritte Triade in der Reihe der Zahlen. Wie die Vier führt sie uns auf eine neue Ebene, in eine neue Dimension ..." (Heinrich Elijah Benedikt in „Die Kabbala")

Wie nett ...

Denkt er!

... hat die Stadt die Anlagen gemacht:
> „Die Stadt stellt im Traum den seelischen Umweltbereich des Träumenden dar ..." (Günter Harnisch)

Bäume,
> „Der Baum ist ein archetypisches Symbol des Lebens, wie es sich in den Begriffen Lebensbaum und Stammbaum

niederschlägt. Als Traumsymbol deutet der Baum meist auf die persönliche Entwicklung und das Wachstum des Träumenden hin ...'' (Günter Harnisch)

Blumen,

➢ ,,Blumen und Blüten sind allgemein als Symbolbilder für den Gefühlsbereich zu verstehen. Die persönliche Beziehung des Träumenden zu bestimmten Blumen ist bei der Deutung in erster Linie zu berücksichtigen. Blumen und Blüten haben im Traum fast immer eine positive Bedeutung. Der Vergleich zwischen dem Lebenslauf des Menschen und dem Werden und Vergehen der Pflanzen liegt nahe. Das Wachsen, Knospen, Blühen, Verwelken der Blumen ist in der Sprache unserer Träume meist auf das menschliche Leben übertragbar.'' (Günter Harnisch)

Wiesen.

➢ ,,Eine grüne Wiese im Traum ist ein positives Signal. Sie symbolisiert neues Wachstum, Werden und Fortschritt,

aber noch nicht Reife." (Günter Harnisch)

Ein herrliches Wetter.

> Im Wö. d. dt. Spr. v. Be. hat „Wetter"
> an erster Stelle die Bedeutung von
> „Ablauf der in der Lufthülle der Erde
> vor sich gehenden Erscheinungen (zu ei-
> nem Zeitpunkt in einem Gebiet)". – „…
> Von jeher ist nun die **Luft** als das Medi-
> um des Geistes empfunden worden …"
> (Ernst Aeppli)

Sein Herz möchte mit den Vögeln jubilieren.

> „Das Herz ist das Symbol für körperli-
> che Lebensenergie, aber auch für Liebe,
> für Gefühlsfähigkeit. Nach der Symbolik
> des Mittelalters war das Herz das Bild
> der Sonne im Menschen. Auch dieses
> Bild weist deutlich auf die Bedeutung
> dieses Organs für die Versorgung mit
> Lebensenergie hin …" (Günter Harnisch).
> – „Im Traum symbolisieren Vögel meist
> geistige Inhalte des Unbewussten …"
> (Günter Harnisch)

Er geht durch den Park.

67

> Im Wö. d. dt. Spr. v. Be. wird „Park" definiert als „sehr großer Garten". – „Der Garten ist im Allgemeinen ein Symbol der partnerschaftlichen Beziehung. Er zeigt Wachstum, Fruchtbarkeit, Lebensfreude an und hat fast immer eine positive Bedeutung ..." (Günter Harnisch)

Ein Weiher mit großen weißen Schwänen.

> „Stehende Gewässer symbolisieren meist erotische Gefühle. Klares und ruhiges Wasser deutet in diesem Zusammenhang auf ein ausgeglichenes Gefühlsleben oder jedenfalls auf den Wunsch nach einem solchen hin. Ist das Wasser trüb, so weist das auf unbeständige, undurchsichtige Gefühle und auf sexuelle Konflikte hin." (Günter Harnisch). – Und zu „Schwan" heißt es beim gleichen Autor: „Dieses Traumsymbol weist auf geistige Interessen, auf guten Kontakt zur Welt der eigenen Psyche, auf Idealismus und

Gefühlsbetontheit hin." (Günter Harnisch.)

Er geht hinunter zum Rand des Wassers und setzt sich.

➢ „Während Wasser in der Traumsprache auf die Gefühlswelt hinweist, symbolisieren die Ufer den Verstand, der die Gefühle eindämmt, kontrolliert und reguliert ..." (Günter Harnisch). – Synonyme für „sich setzen" sind nach dem Duden unter anderem „sich hinsetzen, sich niederlassen, seinen Sitz einnehmen".

Die Erde ist noch nass vom letzten Regen.

➢ „Im Schoß der Erde liegt die Saat. Sie reift zu neuem Leben heran. Dementsprechend weist Erde als Traumsymbol meist auf Körperlichkeit, Fruchtbarkeit, Mütterlichkeit und Nähren hin. Wer tief in die Erde eindringt, gelangt in Bereiche der Vergangenheit, der Geschichte und des Todes. Wer aus der Erde aufsteigt, erwacht zu neuem Leben. Mit diesem Traumbild kann auch die Geschichte der eigenen Persönlichkeit gemeint sein. Wer sich zu tief in die Erde eingräbt, lebt nur noch seinen Erinnerungen. Er entfernt sich von der Wirklichkeit. Wer sich aus der Erde befreit, wird lebenstüchtig. Er erlebt eine körperliche oder geistige Wiedergeburt und gewinnt neue Lebensperspektiven..." (Günter Harnisch). – „Der Regen ist ein Fruchtbarkeitssymbol. Er hat vorwiegend die Bedeutung einer geistigen Befruchtung im Sinne von neuen und schöpferischen Ideen. Manchmal ist dieses Symbol aber auch Ausdruck von Traurigkeit oder depressiver Stimmung." (Günter Harnisch)

Feine Wassertröpfchen an den Spitzen der Grashalme,

➢ „Das Wasser symbolisiert im Traum unbewusste seelische Energie ..." (Günter Harnisch). – „Kräftiges, saftiges, grünes Gras deutet auf Wachstum und Ent-

wicklung im psychisch-geistigen Bereich hin ..." (Günter Harnisch)
und auf den breiten, muldenförmigen Blättern der Blumen kleine Seen.

➢ Bezüglich der Symbolbedeutung von Blumen siehe oben.

Neugierig kommen die Schwäne heran, majestätisch, auf Abstand. Die Enten treiben ganz nahe zu seinen Füßen.

➢ „Tiere verkörpern im Traum die Naturseite des Menschen. Sie vertreten gleichsam die Instinkte und Ahnungen. Menschliche Eigenschaften werden in Sprache und Literatur – in den Fabeln und Comics – durch Tiere und Tierverhaltensweisen dargestellt ..." (Günter Harnisch). – Im Wö. d. dt. Spr. v. Be. hat „Ente" an erster Stelle die Bedeutung von „Entenvogel mit farbigem Flügelspiegel und buntem Prachtkleid bei den Männchen". Bezüglich der traumsymbolischen Bedeutung von „Vogel" siehe oben. – „Mit den Beinen, dem Fuße ist symbolisch verbunden, was unsern „Lebensgang" betrifft. Die phallische, also sexuelle Bedeutung, welche die Psychoanalyse dem Symbol des Fußes mit Recht auch zuspricht, tritt hinter jenen allgemeinen Gehalt des Fußsymbols als ein Zeichen dessen, womit wir weiterschreiten, zurück." (Ernst Aeppli)

Sie warten auf Futter.
> Im Wö. d. dt. Spr. v. Be. hat „Futter" an erster Stelle die Bedeutung von „Nahrung für Tiere (besonders für solche in der Obhut des Menschen)".

Das weiß er!

Jeden Sonntagnachmittag kommen die vielen Spaziergänger
> Im Wö. d. dt. Spr. v. Be. wird „Sonntag" definiert als „siebenter Tag der Woche (und Ruhetag), Feiertag". – „Die Mittagsstunde ist ein Orientierungshinweis für die Traumsituation. Sie ist die Zeit, in der die Sonne ihren Höchststand erreicht. Damit kann gemeint

sein, dass sich die Traumproblematik stark dem Bewusstsein nähert. Häufig symbolisiert der Mittag aber auch die Zeit der Lebensmitte." (Günter Harnisch). − „Alle im Traum auftretenden Menschen können bestimmte Seiten der Persönlichkeit des Träumenden verkörpern. Während Bekannte auf vertraute Wesenszüge und Verhaltensweisen hinweisen, symbolisieren Fremde die unbekannten oder verdrängten Persönlichkeitsaspekte ..." (Günter Harnisch)

bei schönem Wetter und füttern die Enten und Schwäne. Dann ist immer großes Geschrei auf dem Wasser,

➢ „Im Schreien drücken sich ursprüngliche Gefühle wie Freude, Lust, Aggressivität, Angst, Schmerz und Verzweiflung aus." (Günter Harnisch)

denn alles hetzt nach den hingeworfenen Brocken.

Eine konfuse Zeit. Die letzten Stunden vor dem großen Ereignis, vor dem, das die Menschen belächelt und das ihr Gegenstand ist. Ich fühle mich so ruhig, gefasst, und bald, glaube ich, werde ich Meister der sagenhaften Gewissenlosigkeit. Sie denken, so ein Spötter, denken verflucht schnell und gelehrt, und denken aus klein- und großstädtischer Perspektive. Sie denken sich selbst und ihr Denken, und das wiederholt macht sie so stolz, so weit. Ich denke das gleiche, genau, im Takt tropfender Melodien.

Nur im Takt tropfender Melodien löst ihn, das Gemeine, die Welt aus sich selbst und ihrem brüderlichen Verschluss. Ganz ohne Zeit, gleichsam Tag und Nacht zusammengegossen, fließt die Minute, fließt im breiten Bett der Vergangenheit, der Zukunft: Gott, der schöne und abscheuliche Gedanke, hat sich zu einem Witz gemacht, über den alle Welt lacht, und nicht nur sie. Im großen Gericht fehlt der Kläger unserer Armut. Was hält uns sauber? Halten wir die Primitivität aus? Ein tröstlicher Gedanke bleibt, der Mensch, die Natur, das große Gefüge mit seinem Hang zum Einfachen.

Im Takt lebloser Zeiten treiben im Spiel Nationen zwischen Himmel und Hölle. Sie treiben ohne Wind, ohne Glauben, ohne Trieb.

Nicht irgendwo, nicht überall, keine Nacht, kein Tag, kein Mond und Regen ohne Wolken. Wind der Auflehnung. Eine Straße ohne Steine, Häuser ohne Menschen, Menschen ohne Augen, Augen ohne Mensch. Wer ihn hochgekrempelt hat, wer das Licht entzündete, Nässe und Beton, Leben und Tod.

Eine fahle Geschichte für die Zeit, Märchen aus Kälte und Feuer, Schritte der Zeit, ein Leuchten in vielen Farben.

1.) Im mäßigen Märzwind wurde es bestimmt so spät. Eigentlich etwas über die Zeit, etwas über das Maß, dabei aber nicht unmäßig, wie man denken könnte, wie es hätte werden können, wenn die Zeit nicht gewesen wäre. Aber in der Zeit soll es nicht versanden, soll vorwärtsgehen mit Maß, wie die Uhren. Am späten Abend ist die Tür geschlossen. Drinnen und draußen herrscht Ruhe, ist es dunkel, finster, unheimlich still. Dann kommen Töne, vereinzelt, dann schneller und lauter, Einlass begehrend. Die Töne sind voll und rund, mechanisch quietscht das verkommene Schloss, die Tür in der Wand öffnet sich ganz weit ohne Zögern. Sie tut es gern, lebt sozusagen für diese Augenblicke, wacht dafür. Eine Tür aus Holz und Eisen, ein Zimmer zu später Stunde und vieles anderes, das mitläuft. Eine Tür in gewöhnlicher Öffnung, ein Haus weit draußen im Feld, wo der Wind Freilauf hat. Aber im Haus an der Tür im Feld fehlt noch Leben. Alles bleibt still, das Klopfen fällt ins Leere. Wenn nur eine Stimme da wäre, ein Herein, ein bestimmter Ruf. Eine vieleckige Form voller Melancholie, Wände, die düster den Nachthimmel zeigen, ein Zaun aus grobem Holz, davor und dahinter Gärten, Seen, Berge, Wälder, Meere, Wüsten. Dann wird es still, so still wie die Stille, so still wie ein Schrei. Die Tür ist weit offen, die Nacht scheint ins Haus. In der feuchten Erde steigen die Aktien, der Wolf hat sich aufs Lächeln verlegt. Lächeln die Wölfe? Wohl niemand bezweifelt das. Zumal unter diesen Umständen, zumal, wenn die Beute sie jagt. Stille, voll Heiterkeit, voll Schmerz, voll Elend und voller Gelüste.

Wenn ich mir vorstelle, dass dieses Haus von alters her falsch gebaut wurde, wenn ich mir vorstelle, dass seine Wände zu dick sind und seine Räume zu groß, dann ist das nichts Neues. Aber im Märchen wechselt alles seine Form, seine Farbe. Sie, die nicht erschienen sind, treten zurück. Aus ihrer Reihe löst sich eine Figur und baut sich prächtig auf, im Einerlei der königlichen Materie spritzen sie ihre Fahnen hoch und schreien wie verrückt. Ihre Nacht bleibt Nacht, ihre Ewigkeit Ewigkeit, ihr Hunger verlangsamt dagegen die Fahrt und schlägt mit verrückter Emsigkeit in die Herde.

Aufgliederung des Textes

Eine konfuse Zeit. Die letzten Stunden vor dem großen Ereignis, vor dem ...

Das die Menschen belächelt!

Und das ihr Gegenstand ist. Ich fühle mich so ruhig, gefasst, und bald, glaube ich, werde ich Meister der sagenhaften Gewissenlosigkeit. – Sie denken: „So ein Spötter!", denken verflucht schnell und gelehrt, und denken aus klein- und großstädtischer Perspektive. Sie denken sich selbst und ihr Denken, und das, wiederholt, macht sie so stolz ...

So weit!

Ich denke das Gleiche, genau, im Takt tropfender Melodien.

Nur im Takt tropfender Melodien löst ihn das Gemeine, die Welt, aus sich selbst und ihrem brüderlichen Verschluss!

Ganz ohne Zeit, gleichsam Tag und Nacht zusammengegossen, fließt die Minute, fließt im breiten Bett der Vergangenheit, der Zukunft; Gott, der schöne und abscheuliche Gedanke, hat sich zu einem Witz gemacht, über den alle Welt lacht, und nicht nur sie. Im großen Gericht fehlt der Kläger unserer Armut. Was hält uns sauber? Halten wir die Primitivität aus?

Ein tröstlicher Gedanke bleibt: der Mensch, die Natur, das große Gefüge!

Mit seinem Hang zum Einfachen: Im Takt lebloser Zeiten treiben im Spiel Nationen zwischen Himmel und Hölle. Sie treiben ohne Wind, ohne Glauben, ohne Trieb. Nicht irgendwo ...

Nicht überall..!

... keine Nacht, kein Tag, kein Mond – und Regen ohne Wolken. Wind der Auflehnung. Eine Straße ohne Steine, Häuser ohne Menschen, Menschen ohne Augen, Augen ohne Mensch. Wer ihn hochgekrempelt hat, wer das Licht entzündete? Nässe und Beton, Leben und Tod. – Eine fahle Geschichte für die Zeit, Märchen aus Kälte und Feuer.

Schritte der Zeit, ein Leuchten in vielen Farben!

Im mäßigen Märzwind wurde es ...

Bestimmt!

… so spät. Eigentlich etwas über die Zeit, etwas über das Maß, dabei aber nicht unmäßig, wie man denken könnte, wie es hätte werden können, wenn die Zeit nicht gewesen wäre. Aber in der Zeit soll es nicht versanden, soll vorwärtsgehen mit Maß, wie die Uhren.

Am späten Abend ist die Tür geschlossen. Drinnen und draußen herrscht Ruhe, ist es dunkel, finster, unheimlich still. Dann kommen Töne, vereinzelt, dann schneller und lauter, Einlass begehrend. Die Töne sind voll und rund. Mechanisch quietscht das verkommene Schloss, die Tür in der Wand öffnet sich ganz weit ohne Zögern. Sie tut es gern, lebt sozusagen für diese Augenblicke.

Wacht dafür!

Eine Tür aus Holz und Eisen, ein Zimmer zu später Stunde und vieles anderes, das mitläuft. Eine Tür in gewöhnlicher Öffnung, ein Haus weit draußen im Feld, wo der Wind Freilauf hat. Aber im Haus an der Tür im Feld fehlt noch Leben. Alles bleibt still, das Klopfen fällt ins Leere. Wenn nur eine Stimme da wäre, ein „Herein!", ein bestimmter Ruf. Eine vieleckige Form voller Melancholie, Wände, die düster den Nachthimmel zeigen. Ein Zaun aus grobem Holz davor, und dahinter Gärten, Seen, Berge, Wälder, Meere, Wüsten.

Dann wird es still, so still wie die Stille, so still wie
– ein Schrei:

Die Tür ist weit offen!

Die Nacht scheint ins Haus. In der feuchten Erde
steigen die Aktien, der Wolf hat sich aufs Lächeln
verlegt.

Lächeln die Wölfe?

Wohl niemand bezweifelt das, zumal unter diesen Umständen, zumal, wenn die Beute sie jagt.
Stille.

Voll Heiterkeit!

Voll Schmerz, voll Elend und voller Gelüste.

Wenn ich mir vorstelle, dass dieses Haus von
alters her falsch gebaut wurde, wenn ich mir
vorstelle, dass seine Wände zu dick sind und seine Räume zu groß, dann ist das nichts Neues.
Aber im Märchen wechselt alles seine Form, seine Farbe. Sie, die nicht erschienen sind, treten
zurück. Aus ihrer Reihe löst sich eine Figur und
baut sich prächtig auf. Im Einerlei der königlichen
Materie spritzen sie ihre Fahnen hoch und
schreien wie verrückt. Ihre Nacht bleibt Nacht,

ihre Ewigkeit Ewigkeit. Ihr Hunger dagegen verlangsamt die Fahrt und schlägt mit verrückter
Emsigkeit in die Herde.

Deutung

> Tagebucheintrag inspiriert

Eine konfuse Zeit.

> Im Wörterbuch der deutschen Sprache
> von Bertelsmann (Wö. d. dt. Spr. v. Be.)
> hat „konfus" an erster Stelle die Be-
> deutung von „verwirrt", zum Beispiel
> „ich bin völlig konfus".

Die letzten Stunden vor dem großen Ereignis,

> Nämlich vor dem Tod.

vor dem ...

Das die Menschen belächelt!

Und das ihr Gegenstand ist.

> Im Wö. d. dt. Spr. v. Be. hat „Gegen-
> stand" an zweiter Stelle die Bedeutung
> von „Thema, Stoff", zum Beispiel „der
> Gegenstand eines Gesprächs", und an
> dritter Stelle von „etwas, worauf sich

ein Gefühl richtet", zum Beispiel „der Gegenstand seines Zorns ..."

Ich fühle mich so ruhig, gefasst, und bald, glaube ich, werde ich Meister der sagenhaften Gewissenlosigkeit. –

> Nämlich wenn ich gestorben bin. – Nach dem Wö. d. dt. Spr. v. Be. hat „gewissenlos" die Bedeutung von „nicht über Gut und Böse (des eigenen Tuns) nachdenkend, gleichgültig gegenüber dem Unrecht (des eigenen Tuns)".

Sie denken:

> Nämlich die Leser.

„So ein Spötter!", denken verflucht schnell und gelehrt, und denken aus klein- und großstädtischer Perspektive. Sie denken sich selbst und ihr Denken, und das, wiederholt, macht sie so stolz ...

So weit!

> Wohl im Sinne von: Das genügt! Nicht weiter! Aber Synonyme für „weit" sind nach dem Duden unter anderem auch „ausladend, endlos".

Ich denke das Gleiche, genau,

> Ich denke genau das Gleiche (nämlich wie die, welche ich gerade kritisierte.)

im Takt tropfender Melodien.

> Im Textzusammenhang sind mit letzteren sicherlich die „Melodien" von fallenden Regentropfen gemeint. – „Der Regen ist ein Fruchtbarkeitssymbol. Er hat vorwiegend die Bedeutung einer geistigen Befruchtung im Sinne von neuen und schöpferischen Ideen. Manchmal ist dieses Symbol aber auch Ausdruck von Traurigkeit oder depressiver Stimmung." (Günter Harnisch)

Nur im Takt tropfender Melodien löst ihn

> Nämlich mich, den „Spötter"

das Gemeine, die Welt, aus sich selbst und ihrem brüderlichen Verschluss!

Ganz ohne Zeit, gleichsam Tag und Nacht zusammengegossen, fließt die Minute, fließt im breiten Bett der Vergangenheit, der Zukunft;

> Also ohne das Jetzt

Gott, der schöne und abscheuliche Gedanke, hat sich zu einem Witz gemacht, über den alle Welt lacht, und nicht nur sie.

> Nämlich als Folge unserer Wissen-
> schaftsgläubigkeit.

Im großen Gericht fehlt der Kläger unserer Armut.

> Nämlich weil es dieses „große Gericht"
> aus naturwissenschaftlicher Sicht nicht
> gibt. – Im Wö. d. dt. Spr. v. Be. wird
> „Armut" definiert als „Zustand des
> Armseins", zum Beispiel „in bitterer,
> völliger Armut leben" und „geistige
> Armut".

Was hält uns sauber?

> Nach dem Wö. d. dt. Spr. v. Be. bedeu-
> tet „sauber" im übertragenen Sinn und
> umgangssprachlich auch „einwandfrei,
> anständig, lauter".

Halten wir die Primitivität aus?

> Nämlich die Primitivität, (aus natur-
> wissenschaftlicher Sicht) nur reagieren-
> de Lebewesen zu sein.

**Ein tröstlicher Gedanke bleibt: der Mensch, die
Natur, das große Gefüge!**

Mit seinem Hang zum Einfachen: Im Takt lebloser Zeiten treiben im Spiel Nationen zwischen Himmel und Hölle.

> ➤ Denn: „Jesus spricht zu ihm: Ich bin der Weg und die Wahrheit und das Leben; niemand kommt zum Vater denn durch mich." (Johannes 14:6)

Sie treiben ohne Wind, ohne Glauben, ohne Trieb.

> ➤ Im Wö. d. dt. Spr. v. Be. hat „treiben" (ohne Objekt) die Bedeutung von „sich ohne eigenen Antrieb fortbewegen". — „... Oft ist der Wind Hinweis auf starke geistige Energien ..." (Günter Harnisch). — In meinen inspirierten Tagebuchtexten symbolisiert der Wind meist den Gedankenaustausch im Rahmen einer Inspiration bzw. des automatischen Schreibens. — Im Wö. d. dt. Spr. v. Be. hat „Glaube" an zweiter Stelle die Bedeutung von „Religion". — Synonyme für „Trieb" sind nach Thesaurus unter anderem „Antrieb, Eingebung, innerer Drang, Keim, Keimkraft".

Nicht irgendwo ...

Nicht überall!

... keine Nacht, kein Tag,
> ➤ Nämlich in der Nachtschicht

kein Mond –
> ➤ Nämlich bei Anwendung von Kontra-
> zeptiva. – „Der Mond hat im Allgemei-
> nen weibliche Symbolbedeutung. Er
> stellt seit alters her die kosmische Ent-
> sprechung der obersten weiblichen
> Gottheit dar. In vielen Sprachen ist er
> dem weiblichen Geschlecht zugeordnet
> (z.B. la lune im Französischen). Bekannt
> ist seine Beziehung zu Stimmungen und
> dem Monatszyklus der Frau." (Günter
> Harnisch)

und Regen ohne Wolken.
> ➤ Nämlich künstlicher Regen

Wind der Auflehnung.
> ➤ „... Oft ist der Wind Hinweis auf starke
> geistige Energien. [...] Wo eine starke
> geistige Bewegtheit einsetzt, dort teilt
> sie sich oft im Traum als herannahen-
> der Sturm mit ..." (Günter Harnisch). –
> Im Wö. d. dt. Spr. v. Be. hat „Sturm"

an erster Stelle die Bedeutung von „heftiger Wind", zum Beispiel „der Sturm bläst, heult", und an zweiter Stelle von „heftiger Angriff", zum Beispiel „gegen etwas Sturm laufen".

Eine Straße ohne Steine,

> Nämlich eine Luftstraße, ein Luftverkehrsweg. — „Straßen oder Wege erscheinen im Traum als Symbole des Lebenswegs ..." (Günter Harnisch). — Von der „Last des Steines" handeln nach dem Lexikon der sprichwörtlichen Redensarten von Lutz Röhrich verschiedene Redewendungen.

Häuser ohne Menschen,

> Synonyme für Mensch sind nach dem Duden unter anderem „Krone der Schöpfung, Ebenbild Gottes, Charakter, Persönlichkeit, Seele".

Menschen ohne Augen,

> „Im Volksmund bezeichnet man die Augen als den Spiegel der Seele. Das Auge hat im Traum die Symbolbedeutung ei-

nes Bewusstseinsorgans ..." (Günter Harnisch)

Augen ohne Mensch.

> ➤ Nämlich als Folge von „Menschen ohne Augen".

Wer ihn hochgekrempelt hat,

> ➤ Wer ihn (den Menschen) zu dem gemacht habe, was er ist (frage ich),

wer das Licht entzündete?

> ➤ „Licht ist Symbol für Bewusstsein, Verstand, Erkenntnisvermögen, geistige und gefühlsmäßige Klarheit ..." (Günter Harnisch)

Nässe und Beton,

> ➤ antwortet man mir, — „... Nach den Ergebnissen der modernen Wissenschaft wie in fast allen mythologischen Schöpfungserzählungen hat alles Leben seinen Ursprung im Wasser." (Günter Harnisch). — Nach dem Wö. d. dt. Spr. v. Be. hat „Beton" die Bedeutung von „Baustoff aus einer Mischung von Zement, Sand, Wasser u. a."

Leben und Tod. —

> ➤ Nämlich im Rahmen der Phylogenese

Eine fahle Geschichte für die Zeit,

> Im Wö. d. dt. Spr. v. Be. hat „Geschich-
> te" an fünfter Stelle die Bedeutung von
> „Entwicklung (eines bestimmten Berei-
> ches)". — Im gleichen Wörterbuch hat
> „Zeit" an vierter Stelle die Bedeutung
> von „Epoche, Zeitalter".

Märchen aus Kälte und Feuer.

> Nämlich aus „Kälte und Feuer" inner-
> halb des Weltraums, das heißt, aus der
> kalten Materie und dem Feuer der Son-
> ne. — Im Wö. d. dt. Spr. v. Be. hat
> „Märchen" an zweiter Stelle (übertra-
> gen und umgangssprachlich) die Bedeu-
> tung von „unglaubwürdige, erlogene
> Geschichte".

Schritte der Zeit,

> Synonyme für Schritt sind nach dem
> Duden unter anderem „Aktion, Hand-
> lung, Maßnahme, Vorgang".

ein Leuchten in vielen Farben!

Im mäßigen Märzwind wurde es …

➢ Zurückkommend auf obige Textstelle: „Wind der Auflehnung". – Im Wö. d. dt. Spr. v. Be. ist „März" definiert als „dritter Monat des Jahres"; auch (oberdt.) „Märzen" genannt. Abgeleitet ist das Wort vom lateinischen „Martius" mit der Bedeutung von „zum Mars gehörig", das heißt, „zu Mars, dem römischen Gott des Krieges". – „„... Oft ist der Wind Hinweis auf starke geistige Energien ..." (Günter Harnisch)

Bestimmt!

➢ Im Wö. d. dt. Spr. v. Be. hat „bestimmt" an erster Stelle die Bedeutung von „festgelegt, ausgewählt".

... so spät.

➢ Im Wö. d. dt. Spr. v. Be. hat „spät" an zweiter Stelle die Bedeutung von „am Ende eines Zeitraums, einer Entwicklung, Epoche liegend".

Eigentlich etwas über die Zeit, etwas über das Maß, dabei aber nicht unmäßig, wie man denken könnte, wie es hätte werden können, wenn die Zeit nicht gewesen wäre.

> Wohl wenn die Zeit nicht „bestimmt"
> gewesen wäre

Aber in der Zeit soll es nicht versanden,

> Im Wö. d. dt. Spr. v. Be. hat „versan-
> den" an dritter Stelle die Bedeutung
> von „im Sand verlaufen, ohne Ergebnis
> bleiben".

soll vorwärtsgehen mit Maß, wie die Uhren.

Am späten Abend ist die Tür geschlossen.

> Nämlich die Haustür

Drinnen und draußen herrscht Ruhe, ist es dunkel, finster, unheimlich still. Dann kommen Töne,
vereinzelt, dann schneller und lauter, Einlass
begehrend.

> „Siehe, ich stehe vor der Tür und klopfe
> an" (Offenbarung 3, 20)

Die Töne sind voll und rund.

> Im Wö. d. dt. Spr. v. Be. hat „voll" an
> fünfter Stelle die Bedeutung von „un-
> eingeschränkt, ganz". — Nach dem glei-
> chen Wörterbuch hat „rund" im über-
> tragenen Sinn die Bedeutung von
> „schön, vollendet".

Mechanisch quietscht das verkommene Schloss,

➢ Synonyme für „mechanisch" sind nach dem Duden unter anderem „automatisch, der Gewohnheit folgend, instinktiv, unbewusst". – Im Wö. d. dt. Spr. v. Be. hat „verkommen" an zweiter Stelle unter anderem die Bedeutung von „nicht mehr gepflegt und Instand gehalten werden". – „In engerem Sinne ist der Schlüssel ein Symbol für das männliche Glied. Dementsprechend gilt das Schloss als die Scheide der Frau. Wird der Schlüssel in das Schlüsselloch gesteckt, darin umgedreht oder herausgezogen, so symbolisiert dieses Bild den Geschlechtsverkehr ..." (Günter Harnisch)

die Tür in der Wand öffnet sich ganz weit ohne Zögern.

➢ Zu Wand schreibt Günter Harnisch: „Dieses Traumbild kommt in zwei unterschiedlichen Bedeutungen vor: Einmal verkörpert die Wand Schutz und Geborgenheit. Zum anderen stellt sie ein Hindernis dar."

Sie tut es gern, lebt sozusagen für diese Augenblicke.

Wacht dafür!

> ➢ „Darum wachet; denn ihr wisset weder Tag noch Stunde, in welcher des Menschen Sohn kommen wird." (Matthäus 25, 13)

Eine Tür aus Holz und Eisen, ein Zimmer zu später Stunde und vieles anderes, das mitläuft.

> ➢ Gemeint ist die Tür in dem Zimmer, in welchem ich gerade saß und diesen Tagebucheintrag machte. – Zu „Zimmer" schreibt Georg Fink unter anderem: „Das Innerste des Hauses, übersetzt: des eigenen Ich ..." – Im Wö. d. dt. Spr. v. Be. hat „mitlaufen" an zweiter Stelle die Bedeutung von „Mitläufer sein" und an dritter Stelle (im übertragenen Sinn und umgangssprachlich) von „nebenher erledigt werden".

Eine Tür in gewöhnlicher Öffnung, ein Haus weit draußen im Feld,

> ➢ „Das Haus stellt im Traum das Gehäuse der Seele dar. Entsprechend informie-

ren die einzelnen Räume über die verschiedenen seelischen Funktionen ..."
(Günter Harnisch). – Im Wö. d. dt. Spr.
v. Be. hat „Feld" an vierter Stelle (im
übertragenen Sinn) die Bedeutung von
„Bereich, in dem sich etwas abspielt". –
„In der Traumsprache ist das Feld
meist als Betätigungsfeld zu sehen. Es
symbolisiert ein Aufgaben- und Interes-
sengebiet ..." (Günter Harnisch)

wo der Wind Freilauf hat.

> „... Oft ist der Wind Hinweis auf starke
geistige Energien ..." (Günter Harnisch).
– In meinen inspirierten Tagebuchtex-
ten symbolisiert der Wind meist den
Gedankenaustausch im Rahmen einer
Inspiration bzw. des automatischen
Schreibens.

Aber im Haus an der Tür im Feld fehlt noch Leben.

> Denn: „Aber Jesus sprach zu ihm: Folge
du mir und lass die Toten ihre Toten
begraben!" (Matthäus 8:22)

Alles bleibt still, das Klopfen fällt ins Leere.

> Zurückkommend auf obige Textstelle: „Dann kommen Töne, vereinzelt, dann schneller und lauter, Einlass begehrend." — Im Wö. d. dt. Spr. v. Be. hat „Leere" an erster Stelle die Bedeutung von „das Leersein", zum Beispiel (im übertragenen Sinn) „innere Leere".

Wenn nur eine Stimme da wäre, ein „Herein!", ein bestimmter Ruf.

> In Verbindung mit „Siehe, ich stehe vor der Tür und klopfe an" (Offenbarung 3, 20) ist sicherlich ein an Jesus gerichtetes „Herein!" gemeint.

Eine vieleckige Form voller Melancholie,

> Näm'ich obiges „Haus an der Tür", das heißt also, ich selbst. — Im Wö. d. dt. Spr. v. Be. hat „eckig" an zweiter Stelle die Bedeutung von „mit Ecken und Kanten versehen". — Und Synonyme für „eckig" sind nach dem Duden unter anderem „kantig, herb, mürrisch, reserviert, unverbindlich, unwirsch, distanziert". — Ebenfalls im Wö. d. dt. Spr.

v. Be. wird „Melancholie" definiert als „Trübsinn, Schwermut".

Wände, die düster den Nachthimmel zeigen.

➢ Zu Wand schreibt Günter Harnisch: „Dieses Traumbild kommt in zwei unterschiedlichen Bedeutungen vor: Einmal verkörpert die Wand Schutz und Geborgenheit. Zum anderen stellt sie ein Hindernis dar." – Im Wö. d. dt. Spr. v. Be. wird „Nachthimmel" definiert als „Himmel in der Nacht". – „Die Nacht stellt im Traum den gesamten Bereich des Unbewussten dar, der im Dunkeln liegt." (Günter Harnisch). – Im Wö. d. dt. Spr. v. Be. hat „Himmel" an erster Stelle die Bedeutung von „Luftraum über der Erde, der als Halbkugel wahrgenommen wird".

Ein Zaun aus grobem Holz davor,

➢ Zu „Zaun" schreibt Günter Harnisch: „Dieses Traumbild kommt in zweifacher Bedeutung vor. Es veranschaulicht Geborgenheit und Schutz. Aber es kann auch im Sinne eines Hindernisses zu verstehen sein."

und dahinter Gärten,

> „Der Garten ist im Allgemeinen ein Symbol der partnerschaftlichen Beziehung. Er zeigt Wachstum, Fruchtbarkeit, Lebensfreude an und hat fast immer eine positive Bedeutung ..." (Günter Harnisch)

Seen,

> „Stehende Gewässer symbolisieren meist erotische Gefühle. Klares und ruhiges Wasser deutet in diesem Zusammenhang auf ein ausgeglichenes Gefühlsleben oder jedenfalls auf den Wunsch nach einem solchen hin. Ist das Wasser trüb, so weist das auf unbeständige, undurchsichtige Gefühle und auf sexuelle Konflikte hin." (Günter Harnisch)

Berge,

> Zu „Berg" schreibt Georg Fink: „Er deutet auf Probleme hin, die vor uns aufragen. [...] Schon nach Ansicht der alten Ägypter türmen sich, wenn der

Berg im Traum allzu steil ist, Hindernisse auf dem Lebensweg des Träumers auf, die nur unter großen Kraftanstrengungen zu meistern sein werden."

Wälder,

> „Traumhandlungen im Wald weisen meist auf archetypische Muster des Kollektiven Unbewussten in uns hin. Der Wald gilt als Symbol des Unbewussten ..." (Günter Harnisch)

Meere,

> „Das Meer ist ein archetypisches Symbol für den Ursprung des Lebendigen überhaupt, nicht des persönlichen Lebens eines Individuums. In seiner unabsehbaren Tiefe und Weite stellt es im Traum das Kollektive Unbewusste dar ..." (Günter Harnisch)

Wüsten.

> „Im Allgemeinen signalisiert das Traumbewusstsein mit dem Bild der Wüste die Gefahr seelischer Vereinsamung und eines seelisch-geistigen Stillstands. Wüste im Traum kann aber

auch ein Ort freiwilligen Rückzugs und notwendiger Askese sein, aus der neue Ideen und neue Kraft entstehen." (Günter Harnisch)

Dann wird es still, so still wie die Stille, so still wie – ein Schrei.

> „Im Schreien drücken sich ursprüngliche Gefühle wie Freude, Lust, Aggressivität, Angst, Schmerz und Verzweiflung aus." (Günter Harnisch)

Die Tür ist weit offen!

Die Nacht scheint ins Haus.

> In Verbindung mit „Eine konfuse Zeit. Die letzten Stunden vor dem großen Ereignis ..." am Anfang des Tagebuch-eintrag zu verstehen im Sinne von: Die Todesnacht scheint ins Haus.

In der feuchten Erde steigen die Aktien,

> In Erwartung meines Leichnams gewinnt der Erdboden, das Erdreich an Wert.

der Wolf hat sich aufs Lächeln verlegt.

> Nämlich denen gegenüber, die mich pflegen. – „Tiere verkörpern im Traum

die Naturseite des Menschen. Sie vertreten gleichsam die Instinkte und Ahnungen. Menschliche Eigenschaften werden in Sprache und Literatur – in den Fabeln und Comics – durch Tiere und Tierverhaltensweisen dargestellt ..."
(Günter Harnisch). – Zu „Wolf" heißt es beim gleichen Autor: „In der Traumsprache verkörpert dieses Tier Triebhaftigkeit und rücksichtslose Aggressivität."

Lächeln die Wölfe?

Wohl niemand bezweifelt das, zumal unter diesen Umständen,

> ➤ Nämlich unter den gerade beschriebenen Umständen

zumal, wenn die Beute sie jagt.

> ➤ Das heißt, wenn diejenigen sie jagen, die sie in ihrem aktiven Leben gejagt haben.

Stille.

Voll Heiterkeit!

Voll Schmerz, voll Elend und voller Gelüste.

100

Wenn ich mir vorstelle, dass dieses Haus

➢ Nämlich das oben angeführte „Haus"
von alters her falsch gebaut wurde,

➢ Im Wö. d. dt. Spr. v. Be. hat „Haus" an
1. Stelle die Bedeutung von „dauerhaf-
tes, aus Wänden und Dach bestehendes
Gebäude".

wenn ich mir vorstelle, dass seine Wände zu dick
sind und seine Räume zu groß, dann ist das
nichts Neues. Aber im Märchen wechselt alles
seine Form, seine Farbe.

➢ Zurückkommend auf obige Textstellen:
„Eine fahle Geschichte für die Zeit,
Märchen aus Kälte und Feuer."

Sie, die nicht erschienen sind,

➢ Näm'ich zum Wechseln „ihrer Form, ihrer Farbe"

treten zurück.

➢ Im Wö. d. dt. Spr. v. Be. hat „zurück-
treten" an erster Stelle die Bedeutung
von „nach hinten treten" und an zweiter Stelle von „in den Hintergrund treten, weniger wichtig sein, als weniger
wichtig gelten".

Aus ihrer Reihe löst sich eine Figur und baut sich
prächtig auf.

> Im Wö. d. dt. Spr. v. Be. hat „Figur" an zweiter Stelle (abwertend) die Bedeutung von „Mensch, Person", zum Beispiel „er ist eine komische, merkwürdige, zwielichtige Figur". — „Sich vor jemandem aufbauen" bedeutet nach dem gleichen Wörterbuch (umgangssprachlich) „sich drohend oder erwartungsvoll vor jemanden hinstellen".

Im Einerlei der königlichen Materie

> Im Textzusammenhang zu verstehen im Sinne von: Im Einerlei des vorherrschenden Materialismus

spritzen sie ihre Fahnen hoch

> spritzen sie die Farben ihrer Landesfahne (mithilfe von Düsenflugzeugen) an den Himmel

und schreien wie verrückt. Ihre Nacht bleibt Nacht, ihre Ewigkeit Ewigkeit.

Ihr Hunger dagegen verlangsamt die Fahrt

> Im Wö. d. dt. Spr. v. Be. hat „Hunger" an zweiter Stelle die Bedeutung von „heftiges Verlangen", zum Beispiel „Hunger nach Abwechslung, nach Liebe". — Zu „Fahren" heißt es im Lexikon

> der Traumsymbole von Georg Fink:
> „Deutet immer das Weiterkommenwol-
> len auf der Lebensfahrt an, das Streben
> nach echten Werten."

und schlägt mit verrückter Emsigkeit in die Herde.

> ➢ Nach dem Wö. d. dt. Spr. v. Be. hat
> „verrücken" die Bedeutung von „an ei-
> ne andere Stelle rücken". – „Und ich
> habe noch andere Schafe, die sind nicht
> aus diesem Stall; auch sie muss ich her-
> führen, und sie werden meine Stimme
> hören, und es wird eine Herde und ein
> Hirte werden." (Johannes 10:16)

10. Februar 1961, 0:20 Uhr (Krefeld)

Eben angekommen. Sonst nichts Neues. Heute bzw. gestern zwei Abgaben gemacht. Der Präparierkurs ist zu Ende. Insgesamt habe ich acht Abgaben, die (deren Stoff) ich aber noch einmal wiederholen muss. Mit dem Alter wächst die Vergesslichkeit – oder: Der Dieb ist eifrig.

Auf der Hunsrückhöhenstraße von zwei Wachleuten protokolliert und gebührenpflichtig verwarnt worden, weil ohne Licht gefahren, das heißt, eine Lampe brannte nur halb. Da aber ohne Geld, Abkommen mit diesen Menschen von der Mosel getroffen. Muss das Geld hinschicken. Sie gaben mir ihre Adresse. Wie nett, wie vertraulich.
Dann wurde Ostern und wir alle aßen Brot mit Speck.

Aufgliederung und Deutung des Textes

Eben angekommen. Sonst nichts Neues.

Heute bzw. gestern zwei Abgaben gemacht. Der Präparierkurs ist zu Ende. Insgesamt habe ich acht Abgaben, die ich aber noch einmal wiederholen muss.

➢ Gemeint ist damit nicht, dass ich die Abgaben nicht bestanden habe, sondern dass ich mich noch einmal mit dem Stoff der Abgaben beschäftigen muss, um mein Wissen zu festigen.

Mit dem Alter wächst die Vergesslichkeit – oder: Der Dieb ist eifrig.

➢ Also die wachsende Vergesslichkeit

Auf der Hunsrückhöhenstraße von zwei Wachleuten protokolliert und gebührenpflichtig verwarnt worden, weil ohne Licht gefahren, das heißt, eine Lampe brannte nur halb. Da aber ohne Geld, Abkommen mit diesen Menschen von der Mosel getroffen. Muss das Geld hinschicken. Sie gaben mir ihre Adresse. Wie nett, wie vertraulich!

Dann wurde Ostern und wir alle aßen Brot mit Speck.

➢ Dieser Satz stellt wohl einen inspirierten Vorgriff dar auf den nächsten Tagebucheintrag am 13. Februar.

Nicht schlafen können, muss erst mit Wein die Sandleute animieren. Heutzutage tut niemand mehr etwas umsonst. Traurig genug.

Im Einzug gewissenhaft verschafft, nein, wie zu Ostern, Regen hat das Brot doch aufgeweicht. Ich fühle, wie sie entflieht. Was bleibt? Ein vielwissendes und allesverschweigendes Lächeln? Leere Worte? Nein! Von mir niemals. Und mag sie noch so hässlich werden. Sie hat sehr viel für mich bedeutet – das liebe, hysterische Mädchen.

Zu Ostern, wenn der Garten abgemäht wird und Zimt zentnerweise an die große Glocke gehängt wird, schlägt's umso mehr dreizehn. Die Nachbarn von heute sind ausgeflogen. Leer steht das Haus, die Treppe ist abgebrochen. Ein wüstes Chaos, ja, ein wüstes. Singt!

Das Schiff ist in Not,
die Armen haben kein Brot,
ich habe Kuchen,
die anderen lass ich suchen.

Frühling, Herbst und Winter, da steht einer an der Ecke, die hoch und nass ist. An der Ecke steht der Wind und Monika, die frei hat. Drum, dran, darauf, die Möhren im Ausverkauf. Egal,

Aschermittwoch muss unbedingt bedeutungslos bleiben. Allein schon für die Nachzucht. Nachzucht. Aha. So geht's weiter. Die Straße wird lang und länger und steil und steiniger. Ich krieche sie hinauf, die Straße, und wieder hinunter, bis sie tot ist. Dann habe ich genug zum Schlafen. Im Frühling macht's mir Gaudi, wenn ich mich freue. Euch auch? Na ja. Das soll so sein. Ich denke wieder an Lumumba! So ein schöner Näger und mausetot – oder tat man ihn entflöhen? Armer Lumumba, er starb den Tod fürs Vaterland. Ich verspreche Dir, lieber Lumumba, und ich schwöre es Dir bei Deinen schwarzen Göttern, du sollst nicht umsonst gelebt, gelobt, getobt haben. Dein Erbe wird meine Brust in Wüte schlagen. Ei. Fei. So ein sauberer Charakter. Doch, doch. Mir sollen sie folgen im Abstand des Schneiders. Hoch lebe der Schneider. Ein Nest für ein, zwei, drei, vier, fünf, und wiederholt, Sittenmolche. An einem Teich stand ein Kind und starrte in den Teich hinein. Da kam ein zweites Kind und stellte sich an den Teich und starrte in den Teich hinein. Auf einmal. Da fiel es auf. Vor Weihnachten war es gewesen. Ungewöhnlich hoch waren die Temperaturen geklettert. Jedereiner von den Mannsleuten trug das Hemd hoch und geschlossen und die dicken Frauen schwitzten entsetzlich. Unvornehm. Weil Heiligabend vor der Tür stand. Auch Wasser gab es schon lange nicht mehr.

Kaum Grünfutter für die Gänse, die doch auch leben mussten. Da war jedenfalls bitterer Rat hoch vonnöten. Aber das Kristkind hatte Erbärmen und schickte Schnee, der sehr bald sehr hoch und sehr weiß und sehr glatt war. Das erfreute die Herzen der städtischen Bürger, die jetzt nicht mehr umsonst leben mussten – und schwitzen, ganz richtig – wie die dicken Frauen, wenn es heiß ist. Wissen Sie. Am Strand ciehen alle gemeinsam, wegen der Roten Chinesen, gewiss, der Roten Gefahr aus dem Osten. Zögernd, halb verträumt mit Augen aus gelber Angst und Rübenhonig im Eimer, steht ein 51-jähriger Matrose an der Reling und denkt an die Heimat. Nun ist er schon drei Jahre von dort weg, der Wellendruck hat ihn durch die Welt getrieben, ob er wollte oder nicht. Er denkt auch an den Thalamus. Dann kommt Jim, der Schiffskoch, und bringt Brötchen. Der Matrose weist mit seiner rechten Hand in die Ferne und sagt, dort drüben ist mein Zuhause. Jims Augen füllen sich mit Tränen, und er macht auch keinen Hehl daraus. Er weiß, wie schwer die Ferne ist, denn schon lange ist er Koch und befährt die Meere. Er sagt, bald wird die Heimat uns wiederhaben. Da stinkt es plötzlich auf dem Deck, und entsetzt stürzt Jim von dannen.

Aufgliederung des Textes

Habe nicht schlafen können. Muss erst mit Wein die Sandleute animieren. Heutzutage tut niemand mehr etwas umsonst.

Traurig genug!

Im Einzug gewissenhaft verschafft.

Nein, wie „Zu Ostern"!

Regen hat das Brot doch aufgeweicht. Ich fühle, wie sie entflieht. Was bleibt? Ein vielwissendes und allesverschweigendes Lächeln? Leere Worte? Nein, von mir niemals! Und mag sie noch so hässlich werden. Sie hat mir sehr viel bedeutet – das liebe, hysterische Mädchen. Zu Ostern, wenn der Garten abgemäht wird und Zimt zentnerweise an die große Glocke gehängt wird, schlägt's umso mehr dreizehn.

–

Die Nachbarn von heute sind ausgeflogen. Leer steht das Haus, die Treppe ist abgebrochen. Ein wüstes Chaos.

Ja, ein wüstes!

Singt:

Das Schiff ist in Not,
die Armen haben kein Brot.
Ich habe Kuchen,
die anderen lass ich suchen.

Frühling, Herbst und Winter!

—

Da steht einer an der Ecke, die hoch und nass ist. An der Ecke stehen der Wind und Monika, die frei hat. Drum dran – darauf:

Die Möhren im Ausverkauf!

Egal, Aschermittwoch muss unbedingt bedeutungslos bleiben. Allein schon für die Nachzucht.

Nachzucht – aha, so geht's weiter.

Die Straße wird lang und länger und steil und steiniger. Ich krieche sie hinauf, die Straße, und wieder hinunter, bis sie tot ist. Dann habe ich genug zum Schlafen. Im Frühling macht's mir Gaudi, wenn ich mich freue. Euch auch?

Na ja, das soll so sein!

—

Ich denke wieder an Lumumba. So ein schöner Näger und mausetot – oder tat man ihn entflöhen? Armer Lumumba, er starb den Tod fürs Vaterland. Ich verspreche dir, lieber Lumumba – und ich schwöre es dir bei deinen schwarzen Göttern – du sollst nicht umsonst gelebt, gelobt, getobt haben. Dein Erbe wird meine Brust in Wüte schlagen.

Ei, ei! So ein sauberer Charakter!

Doch, doch. Mir sollen sie folgen im Abstand des Schneiders. Hoch lebe der Schneider! Ein Nest für ein, zwei, drei, vier, fünf, und wiederholt, Sittenmolche! – An einem Teich stand ein Kind und starrte in den Teich hinein. Da kam ein zweites Kind und stellte sich an den Teich und starrte in den Teich hinein. Auf einmal, da fiel es auf. Vor Weihnachten war es gewesen. Ungewöhnlich hoch waren die Temperaturen geklettert. Jedereiner von den Mannsleuten trug das Hemd hoch und geschlossen. Und die dicken Frauen schwitzten entsetzlich. Unvornehm, weil Heiligabend vor der Tür stand. Auch Wasser gab es schon lange nicht mehr. Kaum Grünfutter für die Gänse, die doch auch leben mussten. Da war jedenfalls bitterer Rat hoch vonnöten. Aber das Kristkind hatte Erbärmen und schickte Schnee, der sehr bald sehr hoch und sehr weiß und sehr glatt war. Das erfreute die Herzen der städtischen Bürger, die jetzt nicht mehr umsonst leben mussten ...

Und schwitzen!

Ganz richtig, wie die dicken Frauen, wenn es heiß ist. Wissen Sie,am Strand ciehen alle gemeinsam, wegen der Roten Chinesen gewiss, der Roten Gefahr aus dem Osten.

–

Zögernd, halb verträumt, mit Augen aus gelber Angst und Rübenhonig im Eimer, steht ein 51-jähriger Matrose an der Reling und denkt an die Heimat. Nun ist er schon drei Jahre von dort weg. Der Wellendruck hat ihn durch die Welt getrieben, ob er wollte oder nicht. Er denkt auch an den Thalamus. Dann kommt Jim, der Schiffskoch, und bringt Brötchen. Der Matrose weist mit seiner rechten Hand in die Ferne und sagt: „Dort drüben ist mein Zuhause." Jims Augen füllen sich mit Tränen, und er macht auch keinen Hehl daraus. Er weiß, wie schwer die Ferne ist, denn schon lange ist er Koch und befährt die Meere. Er sagt: „Bald wird die Heimat uns wiederhaben." Da stinkt es plötzlich auf dem Deck, und entsetzt stürzt Jim von dannen.

<u>Deutung</u>

➢ Tagebucheintrag überwiegend inspiriert. In diesem mehrteiligen Tagebucheintrag geht es um Missstände in unserer Gesellschaft, so um den Abbruch von Beziehungen, um die abfällige Kritik an sozial Schwächeren, um derzeitige Sexualpraktiken, um die Geringschätzung der schwarzen Rasse und um die Abtreibungspraxis. Neben einigen Wortneuschöpfungen wurden mehrere Worte absichtlich (inspiriert, ohne dass ich mir dessen bewusst war) falsch geschrieben, wohl weil das, was man sich darunter vorstellt, nicht stimmt.

(Habe) nicht schlafen können.

➢ „Habe" wurde eingefügt.

Muss erst mit Wein die Sandleute animieren. Heutzutage tut niemand mehr etwas umsonst.

Traurig genug!

Im Einzug gewissenhaft verschafft.

➢ Gemeint ist wohl der Wein, den ich mir im zeitlichen Umfeld meines „Einzugs" ins Elternhaus, nämlich im Rahmen eines Besuchs, besorgte (verschaffte). – Nach dem Wörterbuch der deutschen Sprache von Bertelsmann (Wö. d. dt. Spr. v. Be.) hat „gewissenhaft" die Bedeutung von „ernst und genau, sorgfältig in allen Einzelheiten".

Nein, wie „Zu Ostern"!

➢ Wohl als Aufforderung zu verstehen, mit meinem Tagebucheintrag dort fortzufahren, wo ich am 10. Februar aufhörte.

Regen hat das Brot doch aufgeweicht.

➢ Wohl zurückkommend auf das Ende meines Tagesbrucheintrags vom 10. Februar. – „Der Regen ist ein Fruchtbarkeitssymbol. Er hat vorwiegend die Bedeutung einer geistigen Befruchtung im Sinne von neuen und schöpferischen Ideen. Manchmal ist dieses Symbol aber auch Ausdruck von Traurigkeit oder depressiver Stimmung." (Günter Harnisch). – „Im

Traum ist das Brot ein Bild lebenserhaltender Speise. Es gibt Aufschlüsse über die seelische Nahrungszufuhr und Stärkung und gilt als positives Traumsymbol." (Günter Harnisch)

Ich fühle, wie sie entflieht.

> Zu verstehen im Sinne von: Ich fühle, wie die Beziehung zu G. zu Ende geht.

Was bleibt? Ein vielwissendes und allesverschweigendes Lächeln? Leere Worte? Nein, von mir niemals! Und mag sie noch so hässlich werden. Sie hat mir sehr viel bedeutet – das liebe, hysterische Mädchen.

> Das Wort „hysterisch" ist hier, bezogen auf G., scher fehl am Platz.

Zu Ostern, wenn der Garten abgemäht wird

> „Der Garten ist im Allgemeinen ein Symbol der partnerschaftlichen Beziehung. Er zeigt Wachstum, Fruchtbarkeit, Lebensfreude an und hat fast immer eine positive Bedeutung ..." (Günter Harnisch)

und Zimt zentnerweise an die große Glocke gehängt wird,

> ➤ Nach dem Wö. d. dt. Spr. v. Be. hat „Zimt" umgangssprachlich die Bedeutung von „Kram, Zeug, lästige Sache". – „Eine Sache an die große Glocke hängen" bedeutet nach dem gleichen Wörterbuch „viel Aufhebens von einer Sache machen, sie überall erzählen".

schlägt's umso mehr dreizehn.

> ➤ „Jetzt schlägt's dreizehn" hat nach dem Redensarten-Index die Bedeutung von „Das geht zu weit! Das ist zu viel! Es ist genug! Jetzt ist Schluss! So was gibt es doch nicht! Das ist doch nicht zu begreifen!

–

Die Nachbarn von heute sind ausgeflogen.

> ➤ Im Textzusammenhang gemeint ist wohl: Die Nachbarn von heute sind rausgeflogen.

Leer steht das Haus, die Treppe ist abgebrochen. Ein wüstes Chaos.

> ➤ Ein wüstes Chaos hinterließen sie.

Ja, ein wüstes!

Singt:

Das Schiff ist in Not,

> ➤ „Ein Schiff im Traum symbolisiert das Lebensschiff. Die Fahrt mit dem Schiff über große Gewässer oder Flüsse deutet auf die Lebensreise hin." (Günter Harnisch)

die Armen haben kein Brot.
Ich habe Kuchen,
die anderen lass ich suchen.

Frühling, Herbst und Winter!

> ➤ Woh! zu verstehen im Sinne von: Wenn man im Frühling sät und im Herbst erntet, hat man etwas im Winter!

—

Da steht einer an der Ecke, die hoch und nass ist.

> ➤ Im Wö. d. dt. Spr. v. Be. hat „Ecke" an dritter Stelle die Bedeutung von „vorspringendes Stück, Spitze". Im Textzusammenhang übersetzt: Da steht ein Mann mit erigiertem Penis.

An der Ecke stehen der Wind und Monika, die frei hat.

> „Wind von etwas bekommen" bedeutet nach dem Wö. d. dt. Spr. v. Be. (im übertragenen Sinn) „etwas erfahren".

Drum dran – darauf:

Die Möhren im Ausverkauf!

> Zu Möhre schreibt Günter Harnisch: „Sie gilt als Sinnbild männlicher Sexualität."

Egal, Aschermittwoch muss unbedingt bedeutungslos bleiben.

> Wohl wegen der darauf folgenden Zeit der Enthaltsamkeit, denn im Wö. d. dt. Spr. v. Be. heißt es zu „Aschermittwoch" unter anderem: „Tag nach Fastnacht, (in der katholischen Kirche) Beginn der Fastenzeit".

Allein schon für die Nachzucht.

> Allein schon dafür, dass genügend Kinder gezeugt werden.

Nachzucht – aha, so geht's weiter.

Die Straße wird lang und länger und steil und steiniger.

➢ Nämlich im Rahmen der Nachzucht. — „Straßen oder Wege erscheinen im Traum als Symbole des Lebenswegs ...“ (Günter Harnisch)

Ich krieche sie hinauf, die Straße, und wieder hinunter,

➢ Synonyme für „kriechen“ sind nach dem Duden unter anderem „sich einschmeicheln, hofieren, schöntun, unterwürfig sein, sich unterwürfig verhalten/zeigen, devot sein, sich devot verhalten“.

bis sie tot ist.

➢ Nämlich die „Straße“, der Lebensweg.

Dann habe ich genug zum Schlafen.

➢ Synonyme für „dann“ sind nach dem Duden unter anderem „in dem/diesem Fall, unter dem Umstand, unter der Voraussetzung“. — Im Wö. d. dt. Spr. v. Be. hat „schlafen“ an vierter Stelle die Bedeutung von „den Beischlaf, Geschlechtsverkehr ausüben“.

Im Frühling macht's mir Gaudi, wenn ich mich freue.

> ... wenn ich mich darauf freue. (Nebenbei: Meinen ersten Geschlechtsverkehr hatte ich 1963, erst zwei Jahre später.)

Euch auch?

> An die (männlichen) Leser gerichtet.

Na ja, das soll so sein!

–

Ich denke wieder an Lumumba.

> „Patrice Émery Lumumba war ein kongolesischer Politiker und von Juni bis September 1960 erster Premierminister des unabhängigen Kongo." (Wikipedia)

So ein schöner Näger

> Eine absichtliche (wohl inspirierte) Falschschreibung. Infolge meiner Erziehung urteilte ich damals sehr abfällig über die schwarze Rasse. Heute halte ich diese Einstellung für falsch.

und mausetot –

> „Am 27. November 1960 gelang Lumumba die Flucht aus Léopoldville; kurz darauf wurde er von Oberst Mobutus

Truppen bei <u>Mweka</u> (<u>Kasaï</u>) festgenommen und am 1. Dezember 1960 nach <u>Thysville</u> gebracht, um für einen Gerichtsprozess zur Verfügung zu stehen. Nach einer Militärmeuterei in Thysville am 13. Januar 1961 konnte Lumumba am 17. Januar mit zwei seiner Getreuen nach <u>Élisabethville</u> (<u>Katanga</u>) fliehen. Dort wurde er bei seiner Ankunft angegriffen und tauchte darauf wieder unter. Am 10. Februar verbreitete sich das Gerücht, dass er entkommen sei. Von der Regierung <u>Moïse Tschombés</u> wurde am 13. Februar bekanntgegeben, dass Lumumba von gegen ihn feindlich eingestellten Einwohnern getötet worden sei. Weil das Ersuchen des <u>Roten Kreuzes</u>, ihn während seiner Gefangenschaft in Katanga sehen zu können, konsequent abgelehnt worden war, besteht weitgehend die Annahme, dass das Regime ihn bereits vor der Bekanntgabe seines Todes ermordet hat.

In vielen Teilen der Welt fanden angesichts dieser Ereignisse Protestveranstaltungen statt.[9][10] Andere Quellen gehen vom 17. Januar 1961 als seinem Todestag aus und unterscheiden sich hinsichtlich der Darstellung der Todesumstände." (Wikipedia 2021)

oder tat man ihn entflöhen?

> „Jemandem einen Floh ins Ohr setzen" bedeutet nach dem Wö. d. dt. Spr. v. Be. umgangssprachlich „jemandem einen Gedanken eingeben, der ihm keine Ruhe mehr lässt".

Armer Lumumba, er starb den Tod fürs Vaterland. Ich verspreche dir, lieber Lumumba – und ich schwöre es dir bei deinen schwarzen Göttern – du sollst nicht umsonst gelebt, gelobt, getobt haben. Dein Erbe wird meine Brust in Wüte schlagen.

> Synonyme für „Brust" sind nach dem Duden unter anderem „Gemüt, Herz, Inneres". – „in Wüte" ist wohl als eine Wortneuschöpfung zu verstehen in der Bedeutung von „in Wut, in einen wütenden Zustand". – „Jemanden oder

ein Tier schlagen" hat im Wö. d. dt. Spr. v. Be. an zweiter Stelle die Bedeutung von „jemanden oder ein Tier durch Schläge in einen Zustand bringen".

Ei, ei! So ein sauberer Charakter!

➢ Im Wö. d. dt. Spr. v. Be. hat „Charakter" an erster Stelle die Bedeutung von „Gesamtheit der geistigen und seelischen Eigenschaften (eines Menschen)" und an dritter Stelle von „Menschen von besonderem Gepräge, mit bestimmten Eigenschaften". – Im gleichen Wörterbuch hat „sauber" an dritter Stelle (im übertragenen Sinn und umgangssprachlich) die Bedeutung von „einwandfrei, anständig, lauter", zum Beispiel: „ein sauberer Charakter".

Doch, doch. Mir sollen sie folgen

➢ Im Wö. d. dt. Spr. v. Be. hat „folgen" an zweiter Stelle die Bedeutung von „sich nach jemandem oder einer Sache richten".

im Abstand des Schneiders.

    ➢ Synonyme für „Abstand" sind nach dem Duden unter anderem „Entfernung, Distanz, Zurückhaltung". – Von etwas Abstand nehmen" bedeutet nach dem Wö. d. dt. Spr. v. Be. „etwas nicht tun wollen, auf etwas verzichten". – Im gleichen Wörterbuch hat „Schneider" an zweiter Stelle die Bedeutung von „Gerät zum Schneiden". Gemeint ist damit im Textzusammenhang sicherlich eine scharfe Kürette, mithilfe derer bei einer Schwangerschaftsunterbrechung bzw. bei der Abtreibung die Gebärmutter der Schwangeren ausgeräumt wird.

Hoch lebe der Schneider! Ein Nest für ein, zwei, drei, vier, fünf, und wiederholt, Sittenmolche! –

    ➢ Im Wö. d. dt. Spr. v. Be. hat „Nest" an dritter Stelle (scherzhaft) die Bedeutung von „Bett". – Ein Synonym für „Nest" ist nach Thesaurus unter anderem „Liebesnest". – Beim Wort „Sittenmolche" handelt es sich wohl um eine Wortneuschöpfung aus den Worten „Sittenstrolche" und „Lustmolche".

An einem Teich stand ein Kind und starrte in den
Teich hinein.

> „Stehende Gewässer symbolisieren meist
erotische Gefühle. Klares und ruhiges
Wasser deutet in diesem Zusammenhang auf ein ausgeglichenes Gefühlsleben
oder jedenfalls auf den Wunsch nach einem solchen hin ..." (Günter Harnisch).
– Synonyme für Teich sind nach dem
Duden unter anderem „Binnengewässer, Pfuhl, Tümpel". –„Im Wö. d. dt.
Spr. v. Be. hat „starren" an erster Stelle die Bedeutung von „starr blicken,
unverwandt schauen".

Da kam ein zweites Kind und stellte sich an den
Teich und starrte in den Teich hinein. Auf einmal,
da fiel es auf. Vor Weihnachten war es gewesen.

> Also im Advent. Im Wö. d. dt. Spr. v.
Be. hat „Weihnachten" an erster Stelle
die Bedeutung von „Fest der Geburt
Christi am 25. Dezember".

Ungewöhnlich hoch waren die Temperaturen
geklettert.

> ➢ Wohl infolge des Klimawandels

Jedereiner von den Mannsleuten trug das Hemd hoch und geschlossen. Und die dicken Frauen schwitzten entsetzlich. Unvornehm, weil Heiligabend vor der Tür stand. Auch Wasser gab es schon lange nicht mehr. Kaum Grünfutter für die Gänse, die doch auch leben mussten.

> ➢ Nämlich um geschlachtet werden zu können. − „Tiere verkörpern im Traum die Naturseite des Menschen. Sie vertreten gleichsam die Instinkte und Ahnungen. Menschliche Eigenschaften werden in Sprache und Literatur − in den Fabeln und Comics − durch Tiere und Tierverhaltensweisen dargestellt ..." (Günter Harnisch). − „Gänse gelten seit alter Zeit als aufmerksame Wächter. Sie warnen vor Unwettern und den damit verbundenen Gefahren. In der Traumsprache gelten sie meist als Symbole für Wachsamkeit und Treue."

Da war jedenfalls bitterer Rat hoch vonnöten.

> ➢ Im Wö. d. dt. Spr. v. Be. hat „bitter" an dritter Stelle die Bedeutung von „traurig und etwas hart".

Aber das Kristkind

> *Wohl eine beabsichtigte Falschschreibung wegen des vorherrschenden falschen Verständnisses von „Christkind", denn: „An dem Tage werdet ihr erkennen, dass ich in meinem Vater bin und ihr in mir und ich in euch." (Johannes 14:20)*

hatte Erbärmen

> *Also kein richtiges Erbarmen*

und schickte Schnee, der sehr bald sehr hoch und sehr weiß und sehr glatt war.

> *„… Sonst aber ist es in der Seele kalt, wenn man von Eis und Schnee träumt. Die Winterlandschaft hat etwas Großes und Erschreckendes …" (Ernst Aeppli)*

Das erfreute die Herzen der städtischen Bürger,

> *„Die Stadt stellt im Traum den seelischen Umweltbereich des Träumenden dar …" (Günter Harnisch)*

die jetzt nicht mehr umsonst leben mussten …

> *Synonyme für „umsonst" sind nach dem Duden unter anderem „für nichts und wieder nichts, zwecklos, grundlos, unbegründet".*

Und schwitzen!

Ganz richtig,

> Denn:,,Mit Schweiß wirst du dein Brot verdienen, bis du zurückkehrst zur Erde, von der du genommen bist. Denn Staub bist du, und zu Staub wirst du werden." (1. Mose 3,19)

wie die dicken Frauen, wenn es heiß ist. Wissen Sie, am Strand ciehen alle gemeinsam,

> ,,ciehen" ist wohl falsch geschrieben, weil es sich beim Seilziehen am Strand nicht um ein richtiges gemeinsames Ziehen handelt, sondern um ein Kräftemessen bzw. um einen Wettkampf.

wegen der Roten Chinesen gewiss, der Roten Gefahr aus dem Osten.

> Im Wö. d. dt. Spr. v. Be. hat ,,rot" an zweiter Stelle (umgangssprachlich) die Bedeutung von ,,kommunistisch, sozialistisch, linksgerichtet, revolutionär". — ,,Alle im Traum auftretenden Menschen können bestimmte Seiten der Persönlichkeit des Träumenden verkörpern ..." (Günter Harnisch)

–

Zögernd, halb verträumt,

> Nach dem Wö. d. dt. Spr. v. Be. hat „zögern" die Bedeutung von „unschlüssig sein, unschlüssig warten". – Im gleichen Wörterbuch hat „verträumt" an erster Stelle die Bedeutung von „viel seinen Träumen, Fantasien nachhängend (und dadurch wirklichkeitsfern)".

mit Augen aus gelber Angst

> „Im Volksmund bezeichnet man die Augen als den Spiegel der Seele. Das Auge hat im Traum die Symbolbedeutung eines Bewusstseinsorgans ..." (Günter Harnisch). – „gelbe Angst" übersetze ich im Textzusammenhang mit „Angst vor einer Invasion der Chinesen".

und Rübenhonig im Eimer,

> Zu „Rüben" heißt es bei Günter Harnisch: „Dieses Traumbild ist Symbol der männlichen Sexualität." – Bezüglich Honig schreibt „Der Traumdeuter.ch" unter anderem: „Psychologisch: Das süße Produkt der fleißigen Bienen gilt als

Symbol für Luxus, Vermögen - und für (genossenen) Sex und 'die Süße der Liebe' — nicht erst seit heute, sondern schon in der Antike. Angeblich fördert Honig weibliche Fruchtbarkeit und männliche Potenz. Wenn also ein Traum von Honig handelt, verweist dies darauf, dass für den Träumenden vielleicht eine sexuell aktivere oder fruchtbarere Zeit beginnt ..." — „In der Traumsprache symbolisieren Gefäße aller Art meist den Leib der Frau und die weiblichen Sexualität. Das gilt nicht nur für Gefäße mit runden Formen, sondern ebenso für Dosen, Kästen, Koffer, Körbe, Schachteln und Taschen ..." (Günter Harnisch)

steht ein 51-jähriger Matrose an der Reling und denkt an die Heimat. Nun ist er schon drei Jahre von dort weg. Der Wellendruck hat ihn durch die Welt getrieben,

> Bezüglich der symbolischen Bedeutung von „Wellen" ist im Traumlexikon von Günter Harnisch unter dem Stichwort „Brandung" Folgendes zu lesen: „Die

> Bedeutung ist die gleiche wie die stür-
> misch bewegter Meereswogen. Je höher
> sie gehen, umso heftiger sind die Ge-
> fühlswallungen, die durch die Wellen
> symbolisiert werden. Geht die Brandung
> ruhig und gleichmäßig, so weist dieses
> Bild auf ein ausgeglichenes Seelenleben
> hin."

ob er wollte oder nicht. Er denkt auch an den Thalamus.

> ➢ „Thalamus" ist abgeleitet vom griechi-
> schen Wort Thalamos, was auf Deutsch
> „Schlafgemach" oder „Kammer" be-
> deutet. Zu Schlafzimmer schreibt Gün-
> ter Harnisch unter dem Oberbegriff
> „Haus" Folgendes: „… Das Schlafzimmer
> ist der Ort des ehelichen Sexuallebens
> …"

Dann kommt Jim, der Schiffskoch, und bringt Brötchen. Der Matrose weist mit seiner rechten Hand in die Ferne und sagt: „Dort drüben ist mein Zuhause." Jims Augen füllen sich mit Trä-nen, und er macht auch keinen Hehl daraus. Er weiß, wie schwer die Ferne ist, denn schon lange ist er Koch und befährt die Meere. Er sagt: „Bald wird die Heimat uns wiederhaben."

> Im Wö. d. dt. Spr. v. Be. hat „Heimat" an erster Stelle die Bedeutung von „Ort, Land oder Gegend, aus der jemand oder etwas herstammt".

Da stinkt es plötzlich auf dem Deck,

> „Es stinkt", auch: „Hier stinkt es" bedeutet nach dem Lexikon der sprichwörtlichen Redensarten „etwas ist nicht in Ordnung, eine Sache erscheint verdächtig ..." Denn die wirkliche Heimat des Menschen ist nicht seine irdische Heimat, sondern die Heimat des „verlorenen Sohnes", nämlich Gott bzw. das Gottesreich.

und entsetzt stürzt Jim von dannen.

15. Februar 1961, Homburg

Bis Mittag geschlafen, in der Sonne gelegen und Anatomie gemacht. Dann Kino und jetzt hier.

Wie glücklich ich bin, eben einen Tabakrest gefunden zu haben.

Im Übrigen bin ich nicht besonders fleißig – meine Mutti sagt – ach, ich weiß das nicht mehr, wie schade.

Ich wollte heute an etwas denken. Wer die Zuckung beobachtete, möge es melden. Die Bevölkerung wartet sehnsüchtig darauf. Die Bevölkerung, ja, mit ihr ist nicht zu scherzen – oder?
Neandertal oder, wo komm ich her?
Da steht ein Eimer auf dem Hof. Wie gut, dass man ihn heutzutage sieht.
Blitzdepesche: Suche Sinn! Etwas langsamer: Die Kuh ist krank. Dreckiges Schwein. Wenn Kühe krank werden, warten wir auf Milch, die gesund ist. Vor der Ecke stehen Posten von Gemüse, das unverkauft blieb.

Für den alten Oberst, der im Krieg gefallen ist, hat es keinen Zweck mehr, um Rente zu schreiben. Weil das keinen Zweck mehr hat und im Krieg die Natur begraben ist, geht es niemanden an. Es sei denn, man reißt rote Röcke auf zum

Walzertanz und betrügt das Geschlecht – mit Hurra, einem lauten, das gehört wird.

Ein zackiger Paradermarsch, wie geölt zum Frühstück, ist so schön.

Eines Abends steht die Sonne schon etwas tiefer. Im Dorfe läuten die Glocken, die Dunkelheit bricht herein. Ein großes Volk hat sich versammelt, ein großes Volk aus lauter kleinen Leuten verschiedener Herkunft. Da sind Straßenbahnschaffner, Anatomieprofessoren, Wirte, Landjäger, Assistenten, Putzfrauen, Kindermädchen und Söldner. Alle haben sich versammelt. Der Dekan einer komischen Fakultät redet erhöht auf einem Rednerpult, das man für seine Rede hingebaut hat. Ein großes Bild: die vielen Menschen, die Dunkelheit, Scheinwerferlicht, der schwarze Rock des Dekans über weißem Hemd und die Kulisse aus verbautem Mittelalter. Nach der Rede, in welcher Augenblicksprobleme der geisteswissenschaftlichen Welt abhandelt wurden, verläuft sich das Volk sehr schnell. Ein paar unersättlich Neugierige sehen, wie die hohe Persönlichkeit nach verrauschtem Beifall herabsteigt und unter den Blitzlichtern der Reporter von auch schwarz gekleideten, würdigen Herren in Empfang genommen wird. Dann löschen die Scheinwerfer aus, alles verschwindet in den zurückflutenden Menschenmengen. Ein einsamer

Spatz hoch oben in seiner Mauerecke findet end-lich Ruhe.

Als es Mitternacht wird, schlägt das Wetter um. Der bisher wolkenlose Sternenhimmel bedeckt sich zunehmend, und es scheint, als ob es regnen wollte. Langsam verlöschen die Lichter in der Stadt. Der letzte Besoffene findet endlich seine Rinne und kotzt, flucht und jammert, was die Steine halten. Ob ihm die Perspektive gefällt, das kann er nicht sagen, wie alle, die schwerwiegen-de Aussprüche zu tun und Entscheidungen zu treffen haben. Das Deutschlandlied jedenfalls gefällt, weil's so rhythmisch ist. Er nimmt sich vor, ein besserer Mensch zu werden, für das Deutschlandlied!

Aufgliederung des Textes

Bis Mittag geschlafen, in der Sonne gelegen und Anatomie gemacht. Dann Kino und jetzt hier.

Wie glücklich ich bin, eben einen Tabakrest ge-funden zu haben! Im Übrigen bin ich nicht be-sonders fleißig. Meine Mutti sagt – ach, ich weiß das nicht mehr.

Wie schade!

Ich wollte heute an etwas denken. Wer die Zuckung beobachtete, möge es melden. Die Bevölkerung wartet sehnsüchtig darauf. Die Bevölkerung ...

Ja!

Mit ihr ist nicht zu scherzen – oder? – Neandertal! – oder wo komm ich her?!

–

Da steht ein Eimer auf dem Hof.

Wie gut, dass man ihn heutzutage sieht!

Blitzdepesche: Suche Sinn! – Etwas langsamer: Die Kuh ist krank. Dreckiges Schwein. Wenn Kühe krank werden, warten wir auf Milch, die gesund ist. Vor der Ecke stehen Posten von Gemüse, das unverkauft blieb.

–

Für den alten Oberst, der im Krieg gefallen ist, hat es keinen Zweck mehr, um Rente zu schreiben. Weil das keinen Zweck mehr hat und im Krieg die Natur begraben ist, geht es niemanden an. Es sei denn, man reißt rote Röcke auf zum Walzertanz und betrügt das Geschlecht – mit

Hurra, einem lauten, das gehört wird. Ein zackiger Parademarsch, wie geölt zum Frühstück, ist so schön!

—

Eines Abends steht die Sonne schon etwas tiefer. Im Dorfe läuten die Glocken, die Dunkelheit bricht herein. Ein großes Volk hat sich versammelt, ein großes Volk aus lauter kleinen Leuten verschiedener Herkunft. Da sind Straßenbahnschaffner, Anatomieprofessoren, Wirte, Landjäger, Assistenten, Putzfrauen, Kindermädchen und Söldner. Alle haben sich versammelt. Der Dekan einer komischen Fakultät redet, erhöht auf einem Rednerpult, das man für seine Rede hingebaut hat. Ein großes Bild: die vielen Menschen, die Dunkelheit, Scheinwerferlicht, der schwarze Rock des Dekans über weißem Hemd und die Kulisse aus verbautem Mittelalter. Nach der Rede, in welcher Augenblicksprobleme der geisteswissenschaftlichen Welt abhandelt wurden, verläuft sich das Volk sehr schnell. Ein paar unersättlich Neugierige sehen, wie die hohe Persönlichkeit nach verrauschtem Beifall herabsteigt und unter den Blitzlichtern der Reporter von auch schwarz gekleideten, würdigen Herren in Empfang genommen wird. Dann gehen die Scheinwerfer aus, alles verschwindet in den zurückflutenden Menschenmengen. Ein einsamer Spatz hoch oben in seiner Mauerecke findet endlich Ruhe.

Als es Mitternacht wird, schlägt das Wetter um. Der bisher wolkenlose Sternenhimmel bedeckt sich zunehmend, und es scheint, als ob es regnen wollte. Langsam verlöschen die Lichter in der Stadt. Der letzte Besoffene findet endlich seine Rinne und kotzt, flucht und jammert, was die Steine halten.

Ob ihm die Perspektive gefällt?

Das kann er nicht sagen, wie alle, die schwerwiegende Aussprüche zu tun und Entscheidungen zu treffen haben. Das Deutschlandlied jedenfalls gefällt, weil's so rhythmisch ist. Er nimmt sich vor, ein besserer Mensch zu werden, für das Deutschlandlied!

Deutung

Bis Mittag geschlafen, in der Sonne gelegen und Anatomie gemacht. Dann Kino und jetzt hier.

Wie glücklich ich bin, eben einen Tabakrest gefunden zu haben! Im Übrigen bin ich nicht besonders fleißig. Meine Mutti sagt – ach, ich weiß das nicht mehr.

Wie schade!

Ich wollte heute an etwas denken.

> ➢ Bezieht sich wohl auf den obenstehenden Satz: „Meine Mutti sagt – ach, ich weiß das nicht mehr." Denn unter Berücksichtigung des nachfolgenden Textes fand nach dem „Meine Mutti sagt" ein Gedankenabbruch statt mit daran anschließender Inspiration.

Wer die Zuckung beobachtete, möge es melden.

> ➢ An einem Halbtrance-Medium beobachtete ich mehr als zehn Jahre später und über zweieinhalb Jahrzehnte hinweg ein Zucken bzw. Straffen seines Körpers kurz vor dem Augenblick, wo es (inspiriert) zu sprechen begann. Mit der „Zuckung" dürfte hier gemeint sein, dass eine ähnliche Veränderung auch an meinem Körpers zu beobachten gewesen wäre kurz vor dem Beginn meines automatischen Schreibens. Letzteres setzte

meines Erachtens mit der Bemerkung ein: „Wie schade!"

Die Bevölkerung wartet sehnsüchtig darauf.

> Nämlich um darüber mehr zu erfahren, um darüber aufgeklärt zu werden. – Diese Textstelle werte ich als einen der vielen Hinweise darauf, dass der Tagebucheintrag beziehungsweise die Tagebuchtexte für eine Veröffentlichung bestimmt sind.

Die Bevölkerung ...

Ja!

Mit ihr ist nicht zu scherzen – oder? – Neandertal! –

> Letzteres ist wohl zu verstehen im Sinne von: Sie glaubt ja, dass wir vom Neandertaler abstammen!

oder wo komm ich her?!

> oder wo komm ich sonst her?!

–

Da steht ein Eimer auf dem Hof.

> „In der Traumsprache symbolisieren Gefäße aller Art meist den Leib der

Frau und die weiblichen Sexualität. Das gilt nicht nur für Gefäße mit runden Formen, sondern ebenso für Dosen, Kästen, Koffer, Körbe, Schachteln und Taschen ...'' (Günter Harnisch)

Wie gut, dass man ihn heutzutage sieht!

Blitzdepesche: Suche Sinn! –

> ➢ Nämlich den Sinn in dem, was ich gerade schrieb.

Etwas langsamer:

> ➢ Nämlich als die Blitzdepesche

Die Kuh ist krank.

> ➢ „Im Traum ist die Kuh meist ein Sinnbild umsorgender mütterlicher Weiblichkeit ...'' (Günter Harnisch)

Dreckiges Schwein.

> ➢ Zu „Schwein'' schreibt Günter Harnisch unter anderem: „... Es kann aber auch die natürliche Geschlechtlichkeit der Menschen, Zeugungsvorgänge und weibliche Fruchtbarkeit darstellen. Im übertragenen Sinne bedeutet es sehr oft

seelische Bereicherung oder geistige Potenz."

Wenn Kühe krank werden, warten wir auf Milch, die gesund ist.

➢ „Milch im Traum deutet auf den nährenden und sorgenden Aspekt des Weiblichen hin. Im übertragenen Sinne bedeutet Milch, die jemand im Traum trink, eine Zufuhr von Wissen und Erkenntnis. Diese Bedeutung drückt sich beispielsweise in der alten Bezeichnung Alma Mater – das bedeutet im Lateinischen soviel wie nährende Mutter – für die Universität aus." (Günter Harnisch)

Vor der Ecke stehen Posten von Gemüse, das unverkauft blieb.

➢ „jemanden um die Ecke bringen" bedeutet nach dem Wörterbuch der deutschen Sprache von Bertelsmann (Wö. d. dt. Spr. v. Be.) im übertragenen Sinne umgangssprachlich „jemanden umbringen, töten". – Ein Synonym für Posten ist nach dem Duden unter anderem „Menge". Dementsprechend kann diese Textstelle im Textzusammenhang frei übersetzt werden mit: Kurz vor dem Verderben stehen vor den Läden Mengen von Gemüse, das unverkauft blieb, weil die Frau keine Zeit mehr hat zum Kochen.

—

Für den alten Oberst, der im Krieg gefallen ist, hat es keinen Zweck mehr, um Rente zu schreiben. Weil das keinen Zweck mehr hat und im Krieg die Natur begraben ist,

> Nämlich die „Natur" des gefallenen Soldaten. — Im Wö. d. dt. Spr. v. Be. hat „Natur" an dritter Stelle die Bedeutung von „Ursprüngliches, von selbst Gewachsenes". — Synonyme für „begraben" sind nach dem Duden unter anderem „aufgeben, beenden, hinter sich lassen".

geht es niemanden an. Es sei denn, man reißt rote Röcke auf zum Walzertanz

> „Die Farbe Rot drückt Leidenschaft, Sinnlichkeit, Feuer und gesteigerte Vitalität aus …" (Günter Harnisch). — „Hinter jedem Rock hersein" bedeutet

nach dem Lexikon der sprichwörtlichen Redensarten „jeder Frau nachlaufen".
– „Jemanden aufreißen" hat nach dem Wö. d. dt. Spr. v. Be. die Bedeutung von (Jargon) „mit jemandem in Kontakt kommen, jemanden ansprechen", zum Beispiel „ein Mädchen aufreißen".

und betrügt das Geschlecht

➢ „Jemanden betrügen" bedeutet nach dem Wö. d. dt. Spr. v. Be. „jemanden täuschen, um sich einen Vorteil zu verschaffen". – Im gleichen Wörterbuch hat „Geschlecht" an zweiter Stelle die Bedeutung von „alle Lebewesen, die bestimmte Geschlechtsmerkmale aufweisen", zum Beispiel „das weibliche Geschlecht".

mit Hurra, einem lauten, das gehört wird.

➢ Das heißt man brüstet sich damit.

Ein zackiger Parademarsch,

➢ Im Wö. d. dt. Spr. v. Be. hat „zackig" an zweiter Stelle (im übertragenen Sinn) die Bedeutung von „militärisch-

forsch, schneidig", zum Beispiel „ein zackiger Kerl".

wie geölt zum Frühstück, ist so schön!

—

Eines Abends steht die Sonne schon etwas tiefer.
Im Dorfe läuten die Glocken, die Dunkelheit
bricht herein. Ein großes Volk hat sich versammelt, ein großes Volk aus lauter kleinen Leuten
verschiedener Herkunft. Da sind Straßenbahnschaffner, Anatomieprofessoren, Wirte, Landjäger, Assistenten, Putzfrauen, Kindermädchen
und Söldner. Alle haben sich versammelt. Der
Dekan einer komischen Fakultät redet, erhöht
auf einem Rednerpult, das man für seine Rede
hingebaut hat. Ein großes Bild: die vielen Menschen, die Dunkelheit, Scheinwerferlicht, der
schwarze Rock des Dekans über weißem Hemd
und die Kulisse aus verbautem Mittelalter. Nach
der Rede, in welcher Augenblicksprobleme der
geisteswissenschaftlichen Welt abhandelt wurden, verläuft sich das Volk sehr schnell. Ein paar
unersättlich Neugierige sehen, wie die hohe Persönlichkeit nach verrauschtem Beifall herabsteigt
und unter den Blitzlichtern der Reporter von
auch schwarz gekleideten, würdigen Herren in
Empfang genommen wird. Dann gehen die
Scheinwerfer aus, alles verschwindet in den zu-

rückflutenden Menschenmengen. Ein einsamer Spatz hoch oben in seiner Mauerecke findet endlich Ruhe.

Als es Mitternacht wird, schlägt das Wetter um. Der bisher wolkenlose Sternenhimmel bedeckt sich zunehmend, und es scheint, als ob es regnen wollte. Langsam verlöschen die Lichter in der Stadt. Der letzte Besoffene findet endlich seine Rinne und kotzt, flucht und jammert, was die Steine halten.

Ob ihm die Perspektive gefällt?

Das kann er nicht sagen, wie alle, die schwerwiegende Aussprüche zu tun und Entscheidungen zu treffen haben. Das Deutschlandlied jedenfalls gefällt, weil's so rhythmisch ist. Er nimmt sich vor, ein besserer Mensch zu werden, für das Deutschlandlied!0

17. Februar 1961, Krefeld, Semesterschluss

Heute Mittag ganz ordentliche Bilder gesehen. War furchtbar erstaunt: der Heinz Schäfer kann tatsächlich malen. Immer dasselbe, Malerei und Medizin: die Suche nach Verwirklichung. Die große Frage, Liebe oder Naturwissenschaft, die treffen sich immer wieder. Es erscheint mir ein Witz bald, dass ein Junge ohne Hang zur Malerei, zum Ausdruck seiner Selbstdiskussion, Medizin studieren könnte. Das Traurige an der Geschichte ist nur, dass manchmal die erforderliche Nüchternheit, Kaltschnäuzigkeit fehlt. Dass die erst so viel später kommen kann, wenn sie überhaupt kommt. Jedenfalls, und das spricht für uns, der Medizinberuf kann nicht erlernt werden, er muss in den Menschen „hineingewickelt" sein.

Mit untrüglicher Sicherheit haften die Momente der See. Über der kahlen Fläche am schraffierten Horizont steigen Vögel in den Morgen, der blutrot den Abend ankündigt. Im Niemandsland sterben die Schwäne, der Wind von Osten so krank an gelber Sucht.

 Gespräch ohne Hintergrund hat an sich keine Bedeutung, ebenso wenig wie das Gescheite ohne Utilität.
Das Problematische beansprucht eine andere Basis. Wie zum Beispiel. Man mache sich eine

Vorstellung vom Sein, von dem, was erfühlt wird. Die uns mögliche Aussage ist nur die Reaktion, unsere Äußerung, Antwort auf den Reiz. Denn dieser Reiz umschließt alles, das „Metaphysische", „Seelische", und das Physische, Körperliche. Das Metaphysische ist nur eine Annahme, denn die Vorstellung von ihm ist wie vom Körperlichen mittelbar möglich. Das Metaphysische wird zum Ding, das wir fühlen. Es bedarf einer Energie, um in uns Vorstellungen zu erwecken. Und das ist der Widerspruch, der beweiskräftig alle Metaphysik verurteilt, in den Bereich der Spekulation verweist. Da ist nichts, das ohne Mittel abstrahiert für sich besteht, erst in der Beziehung Subjekt – Objekt verwirklicht es sich zum Sein, zur festen Substanz von bestimmter Struktur.

Aufgliederung des Textes

Heute Mittag ganz ordentliche Bilder gesehen. War furchtbar erstaunt: der H. Sch. kann tatsächlich malen. – Immer dasselbe: Malerei und Medizin.

Die Suche nach Verwirklichung!

Die große Frage: Liebe oder Naturwissenschaft?

Die treffen sich immer wieder!

Es erscheint mir bald als ein Witz, dass ein Junge ohne Hang zur Malerei zum Ausdruck seiner Selbstdiskussion Medizin studieren könnte. Das Traurige an der Sache ist nur, dass manchmal die erforderliche Nüchternheit und Kaltschnäuzigkeit fehlt, dass die erst so viel später kommen kann ...

Wenn sie überhaupt kommt!

Jedenfalls, und das spricht für uns, der Medizin-beruf kann nicht erlernt werden, er muss in den Menschen „hineingewickelt" sein.

Mit untrüglicher Sicherheit haften die Momente der See!

Über der kahlen Fläche am schraffierten Horizont steigen Vögel in den Morgen, der blutrot den Abend ankündigt.

Im Niemandsland sterben die Schwäne!

Der Wind von Osten so krank an gelber Sucht.

Gespräch ohne Hintergrund, hat an sich keine Bedeutung, ebenso wenig wie das Gescheite ohne Utilität.

Das Problematische beansprucht eine andere Basis, wie zum Beispiel: Man mache sich eine Vorstellung vom Sein, von dem, was erfühlt wird!

Die uns mögliche Aussage ist nur die Reaktion, unsere Äußerung, Antwort auf den Reiz. Denn dieser Reiz umschließt alles, das „Metaphysische", „Seelische", und das Physische, Körperliche. Das Metaphysische ist nur eine Annahme, denn die Vorstellung von ihm ist wie vom Körperlichen mittelbar möglich. Das Metaphysische wird zum Ding, das wir fühlen. Es bedarf einer Energie, um in uns Vorstellungen zu erwecken. Und das ist der Widerspruch, der beweiskräftig alle Metaphysik verurteilt, in den Bereich der Spekulation verweist. Da ist nichts, das ohne Mittel abstrahiert für sich besteht. Erst in der Beziehung Subjekt – Objekt verwirklicht es sich zum Sein, zur festen Substanz von bestimmter Struktur.

Deutung

> ➢ Tagebucheintrag zum Teil inspiriert, vor allem wohl das fett Geschriebene und mit Sicherheit die Passage in der Traumsymbolsprache.

Heute Mittag ganz ordentliche Bilder gesehen. War furchtbar erstaunt: der H. Sch. kann tatsächlich malen. – Immer dasselbe: Malerei und Medizin.

Die Suche nach Verwirklichung!

Die große Frage: Liebe oder Naturwissenschaft?

Die treffen sich immer wieder!

Es erscheint mir bald als ein Witz, dass ein Junge ohne Hang zur Malerei zum Ausdruck seiner Selbstdiskussion Medizin studieren könnte.

> ➢ Der letzte Satzteil ist zu verstehen im Sinne von: dass ein Junge Medizin studieren könnte ohne Hang zur Malerei zum Ausdruck seiner Selbstdiskussion, das heißt zur Darstellung seiner Auseinandersetzung mit sich selbst.

Das Traurige an der Sache ist nur,

> ➢ Nämlich bei einem Jungen, der mit ei-
> nem „Hang zur Malerei" Medizin stu-
> diert.

dass manchmal die erforderliche Nüchternheit
und Kaltschnäuzigkeit fehlt,

> ➢ Nämlich für den Arztberuf. Das Wort
> „Kaltschnäuzigkeit" war von mir da-
> mals nicht durchdacht und ist hier fehl
> am Platz.

dass die erst so viel später kommen kann ...

Wenn sie überhaupt kommt!

Jedenfalls, und das spricht für uns, der Medizin-
beruf kann nicht erlernt werden, er muss in den
Menschen „hineingewickelt" sein.

> ➢ „Eingewickelt" wohl im Rahmen einer
> individuellen Entwicklung

**Mit untrüglicher Sicherheit haften die Momente
der See!**

> ➢ Im Wörterbuch der deutschen Sprache
> von Bertelsmann (Wö. d. dt. Spr. v. Be.)
> hat „Moment" unter anderem die Be-
> deutung von „Umstand, Gesichtspunkt,
> Merkmal". – „Das Meer ist ein arche-

typisches Symbol für den Ursprung des Lebendigen überhaupt, nicht des persönlichen Lebens eines Individuums. In seiner unabsehbaren Tiefe und Weite stellt es im Traum das Kollektive Unbewusste dar ..." (Günter Harnisch)

Über der kahlen Fläche am schraffierten Horizont steigen Vögel in den Morgen,

> Wohl auf einem Bild bzw. Gemälde. – In meinen inspirierten Tagebuchtexten symbolisiert die „Fläche" meist einen Lebensbereich bzw. unser irdisches Betätigungsfeld. – Im Wö. d. dt. Spr. v. Be. hat „kahl" an vierter Stelle die Bedeutung von „leer, schmucklos". – Bezüglich „Horizont" heißt es bei Günter Harnisch: „Dieses Traumbild symbolisiert die Grenzen des Träumenden in der Aufnahme und Verarbeitung geistiger und seelischer Eindrücke." – „Im Traum symbolisieren Vögel meist geistige Inhalte des Unbewussten. Gelegentlich stellen sie auch die im Volksmund bekannte erotische Nebenbedeutung

dar." (Günter Harnisch). – „Der Morgen, die Morgendämmerung, die Morgenröte, der Sonnenaufgang – diese
Zeitangaben im Traum haben positive
Bedeutung. Etwas Wesentliches rückt in
das Bewusstsein des Träumenden."
(Günter Harnisch)

der blutrot den Abend ankündigt.

➢ „Blut symbolisiert Lebenskraft, Liebe
und Leidenschaft ..." (Günter Harnisch).
– „Die Farbe Rot drückt Leidenschaft,
Sinnlichkeit, Feuer und gesteigerte Vitalität aus. Aber Rot ist auch die Farbe
der Revolution, der blutigen Unterdrückung. Sie kann – wie bei der Ver-
kehrsampel – ein Gefahrensignal bedeuten." (Günter Harnisch). – „Der
Abend als Landschaftsbild oder als
Stimmungslage ist meist ein Zeichen
für den Träumenden, dass er sich in
seinem Traum dem Bereich des Unbewussten nähern wird. Der Abend im
Traum kann auch einen Hinweis auf

den Lebensabend enthalten." (Günter Harnisch)

Im Niemandsland sterben die Schwäne!

➢ Im Wö. d. dt. Spr. v. Be. hat „Niemandsland" an erster Stelle die Bedeutung von „Land, das zwischen zwei Fronten oder Grenzen liegt" und an zweiter Stelle von „unerforschtes, unbesiedeltes Land". – Zu Schwan schreibt Günter Harnisch unter anderem: „Dieses Traumsymbol weist auf geistige Interessen, auf guten Kontakt zur Welt der eigenen Psyche, auf Idealismus und Gefühlsbetontheit hin ..."

Der Wind von Osten so krank an gelber Sucht.

➢ „Wind von etwas bekommen" bedeutet nach dem Wö. d. dt. Spr. v. Be. (im übertragenen Sinn) „etwas erfahren". – „... Oft ist der Wind Hinweis auf starke geistige Energien ..." (Günter Harnisch). – „krank an gelber Sucht" ist im Textzusammenhang wohl mit „krank an Gelbsucht" zu übersetzen.

Angesprochen wird hiermit wohl ein übermäßiger Alkoholkonsum im Osten, der letztendlich zur Leberzirrhose mit Gelbsucht führt.

Gespräch ohne Hintergrund,

> Gemeint ist damit wohl das, was ich gerade ins Tagebuch schrieb. – Im Wö. d. dt. Spr. v. Be. hat „Hintergrund" an dritter Stelle die Bedeutung von „verborgene Ursachen und Zusammenhänge". – Erst etwa 45 Jahre später, gegen 2005, erkannte ich, dass ich während meiner Tagebucheintragungen zwischen 1957 und 1966 überwiegend als Schreibmedium fungierte.

hat an sich keine Bedeutung, ebenso wenig wie das Gescheite ohne Utilität.

> Im Wö. d. dt. Spr. v. Be. wird „Utilität" definiert als „Nützlichkeit".

Das Problematische beansprucht eine andere Basis, wie zum Beispiel: Man mache sich eine Vorstellung vom Sein, von dem, was erfühlt wird!

Die uns mögliche Aussage ist nur die Reaktion, unsere Äußerung, Antwort auf den Reiz.

> ➢ Das dachte ich infolge meiner damaligen Wissenschaftsgläubigkeit.

Denn dieser Reiz umschließt alles, das „Metaphysische", „Seelische", und das Physische, Körperliche.

> ➢ Diese Aussage ist nicht zulässig, denn wir kennen weder das ganze Wesen des Reizes noch das ganze Wesen des Physischen und Metaphysischen.

Das Metaphysische ist nur eine Annahme, denn die Vorstellung von ihm ist wie vom Körperlichen mittelbar möglich.

> ➢ Diese Aussage ist nicht zulässig, denn wir kennen weder das ganze Wesen von „Vorstellung" und „Mittel". — Nach dem Wö. d. dt. Spr. v. Be. hat „mittelbar" die Bedeutung von „indirekt, unter Zuhilfenahme von Mitteln, auf dem Umweg über dazwischen stehende Dinge oder Personen".

Das Metaphysische wird zum Ding, das wir fühlen.

> ➢ Aussage nicht zulässig wegen fehlender Kenntnis des Metaphysischen.

Es bedarf einer Energie, um in uns Vorstellungen zu erwecken. Und das ist der Widerspruch, der beweiskräftig alle Metaphysik verurteilt, in den Bereich der Spekulation verweist.

> ➤ *Aussage nicht zulässig, denn das Wesen der Energie ist uns vollumfänglich noch nicht bekannt.*

Da ist nichts, das ohne Mittel abstrahiert für sich besteht.

> ➤ *Aussage nicht zulässig, denn wir kennen noch nicht alles.*

Erst in der Beziehung Subjekt – Objekt verwirklicht es sich zum Sein, zur festen Substanz von bestimmter Struktur.

> ➤ *Aussage nicht zulässig, denn wir kennen noch nicht das wirkliche Wesen vom Subjekt, vom Objekt und vom Sein. – Wie in diesem Absatz dargestellt, dachte ich 1961 als ein dem Materialismus Nahestehender. Ich ließ nur das gelten, wozu wir mithilfe unserer Sinne in eine Beziehung treten können. Die metaphysischen Aspekte unseres Daseins waren mir noch weitgehend verborgen. Ich beschäftigte mich zwar viel mit meinen*

Träumen, für ein tieferes Verständnis derselben fehlte mir aber das Wissen. Erst am Ende meines vierten Lebensjahrzehntes erfuhr ich über eine entsprechende Literatur, dass der Mensch seinen irdischen Tod überlebt, dass bei seinem Tod nur sein irdischer Körper zerfällt, dass sein Bewusstsein mit einem für uns nicht fassbaren Körper in eine andere Daseinsdimension hinübergeht. Später erfuhr ich von metaphysischen Phänomenen wie Hellsehen, Gedankenübertragung und das Erkennen von zukünftigen Ereignissen. Beim Studium der Traumdeutung lernte ich, dass der Traum eine Verbindung herstellen kann zu metaphysischen Daseinsebenen. In meinen eigenen Träumer. wurde ich mir häufig bewusst, dass ich träumte, und in tiefen Entspannungszuständen gelang es mir, ohne den Verlust meines Bewusstseins in feinstoffliche Welten hinüberzuwechseln. Wer dieses erlebt, hat keinen Zweifel mehr an einem Leben über den Tod hinaus. Einer materialistischen Weltanschauung ist damit jegliche Grundlage entzogen.

18. Februar 1961

Abschrift:

„Lieber Heinz,
bitte schreib nicht mehr solche Briefe. Sie ziehen im Dreck, was – nicht nur meinetwegen! – gut bleiben sollte.
Wenn Du glaubst, wieder einigermaßen gerecht denken zu können, möchte ich Dich gern einmal sprechen. Vielleicht irgendwann in den Semesterferien bei Euch. G."

Das Spukschloss im Spessart, ein Film für jeden Geschmack.

Irgendwann treffen sich zwei Menschen und reden, und reden aneinander vorbei.

Wie am Rad, dessen gestörter Mechanismus einem blühenden Leben den Tod bringt. Natürlich nicht ohne besondere Umstände, was zu einfach wäre.

Groß schaut der Mond auf die Bonner Politik und wundert sich.

Gleich einem Mühlstein, dessen grobe Kraft alles Maßvolle zermalmt.

Im Hause des Küsters wohnt eine Maus mit geschecktem Schwanz. Möge sie lange leben!

Wie hat sich der Alltagsmensch den Weg von der Form in das Formlose vorzustellen? Kann er das mit seiner gutbürgerlichen Kost, die da besteht aus Milch, Eiern, Butter und Käse mit Weißbrot und einem geregelten Verkehr. Kann er das im schwarzen Kittel und glattrasierten Gesicht? Oder muss er die Extravaganz aufsuchen? Lächerliche Fragen. Natürlich kann er das, wenn er will, ohne Extravaganzen, abgesehen von einer einzigen. Er muss nämlich, ich will das hier beiläufig erwähnen, mindestens dreimal am Tag provokatorisch husten. Nur das − und die Welt wird ihm zu Füßen liegen. Ein gesundes Maß an Lächelei vereinfacht ihm den Weg, macht ihn schnell, schneller als die sogenannten Bundesautobahnen, die gar keine sind, sondern nur Bundesärgerbahnen.

Eine Hand greift ins Willkürliche, das noch Kausalität heißt, und holt die Sterne vom Himmel. Der Weg aus dem Formlosen ist der Weg in den neuen Alltag. Wie die Geschichte es bringt, sind Menschen vor uns auf der Welt gewesen, die da auch gelebt haben sollen! Nichts verbürgt für den Sinn.

Aufgliederung des Textes

Abschrift

„Lieber Heinz,
bitte schreib nicht mehr solche Briefe. Sie ziehen im Dreck, was — nicht nur meinetwegen! — gut bleiben sollte.
Wenn Du glaubst, wieder einigermaßen gerecht denken zu können, möchte ich Dich gern einmal sprechen. Vielleicht irgendwann in den Semesterferien bei Euch. G."

Das Spukschloss im Spessart, ein Film für jeden Geschmack.

Irgendwann treffen sich zwei Menschen und reden, und reden aneinander vorbei.

Wie am Rad, dessen gestörter Mechanismus einem blühenden Leben den Tod bringt. Natürlich nicht ohne besondere Umstände, was zu einfach wäre.

Groß schaut der Mond auf die Bonner Politik und wundert sich.

Gleich einem Mühlstein, dessen grobe Kraft alles Maßvolle zermalmt!

Im Hause des Küsters wohnt eine Maus mit geschecktem Schwanz.

Möge sie lange leben!

Wie hat sich der Alltagsmensch den Weg von der
Form in das Formlose vorzustellen? Kann er das
mit seiner gutbürgerlichen Kost, die da besteht
aus Milch, Eiern, Butter und Käse mit Weißbrot
und einem geregelten Verkehr? Kann er das im
schwarzen Kittel und mit glattrasiertem Gesicht?
Oder muss er die Extravaganz aufsuchen? – Lächerliche Fragen. Natürlich kann er das, wenn er
will, ohne Extravaganzen, abgesehen von einer
einzigen. Er muss nämlich, ich will das hier beiläufig erwähnen, mindestens dreimal am Tag
provokatorisch husten. Nur das – und die Welt
wird ihm zu Füßen liegen. Ein gesundes Maß an
Lächelei vereinfacht ihm den Weg, macht ihn
schnell, schneller als die sogenannten Bundesautobahnen, die gar keine sind, sondern nur Bundesärgerbahnen.

Eine Hand greift ins Willkürliche, das noch Kau-
salität heißt, und holt die Sterne vom Himmel.
Der Weg aus dem Formlosen ist der Weg in den
neuen Alltag!

Wie die Geschichte es bringt, sind Menschen vor uns auf der Welt gewesen, die da auch gelebt haben sollen. Nichts verbürgt für den Sinn.

Deutung

> ➢ Als Erstes ein Brief von G. Danach ein Kommentar dazu von mir und Fragen zu unserem irdischen Dasein und zu unserem Schicksal nach dem Tod.

Abschrift

„Lieber Heinz,
bitte schreib nicht mehr solche Briefe. Sie ziehen im Dreck, was – nicht nur meinetwegen! – gut bleiben sollte.
Wenn Du glaubst, wieder einigermaßen gerecht denken zu können, möchte ich Dich gern einmal sprechen. Vielleicht irgendwann in den Semesterferien bei Euch. G."

Das Spukschloss im Spessart, ein Film für jeden Geschmack.

> ➢ Wohl meine Assoziation zu der zu Ende gegangenen Beziehung.

Irgendwann treffen sich zwei Menschen und reden, und reden aneinander vorbei.

Wie am Rad,

> Wie am Fahrrad (dessen Räder sich aneinander vorbeibewegen)

dessen gestörter Mechanismus einem blühenden Leben den Tod bringt. Natürlich nicht ohne besondere Umstände, was zu einfach wäre.

Groß schaut der Mond auf die Bonner Politik und wundert sich.

> „Große Augen machen" bedeutet nach dem Wörterbuch der deutschen Sprache von Bertelsmann (Wö. d. dt. Spr. v. Be.) „erstaunt blicken". – Das Mondlicht als ein indirektes Licht symbolisiert in meinen Tagebuchtexten das Verstandeslicht, den Verstand, das Verstandesdenken. – Bezüglich „Bonner Politik": G. studierte in Bonn. – Im Wö. d. dt. Spr. v. Be. hat „Politik" an zweiter Stelle (im übertragenen Sinn) die Bedeutung von „Berechnung, berechnendes Verhalten".

Gleich einem Mühlstein, dessen grobe Kraft alles Maßvolle zermalmt!

Im Hause des Küsters wohnt eine Maus mit geschecktem Schwanz.

➢ „Das Haus stellt im Traum das Gehäuse der Seele dar …" (Günter Harnisch). – Im Wö. d. dt. Spr. v. Be. wird „Küster" definiert als „jemand, der eine Kirche reinigt, pflegt, schmückt und niedere Kirchendienste verrichtet". – „Alle im Traum auftretenden Personen können bestimmte Aspekte der Persönlichkeit des Träumenden wiedergeben …" – „Tiere verkörpern im Traum die Naturseite des Menschen. Sie vertreten gleichsam die Instinkte und Ahnungen. Menschliche Eigenschaften werden in Sprache und Literatur – in den Fabeln und Comics – durch Tiere und Tierverhaltensweisen dargestellt …" (Günter Harnisch). – „Im Volksmund wie in den Märchen hat die Maus meist erotische Bedeutung …" (Günter Harnisch). – Sy-

nonyme für „gescheckt" sind nach Woxikon unter anderem „gefleckt, fleckig".

Möge sie lange leben!

Wie hat sich der Alltagsmensch den Weg von der
Form in das Formlose vorzustellen?

> ➢ Nämlich in das Formlose nach seinem
> Tod infolge des Zerfalls seines Körpers.

Kann er das mit seiner gutbürgerlichen Kost, die
da besteht aus Milch,

> ➢ „Milch im Traum deutet auf den näh-
> renden und sorgenden Aspekt des
> Weiblichen hin. Im übertragenen Sinne
> bedeutet Milch, die jemand im Traum
> trink, eine Zufuhr von Wissen und Er-
> kenntnis. Diese Bedeutung drückt sich
> beispielsweise in der alten Bezeichnung
> Alma Mater – das bedeutet im Lateini-
> schen soviel wie nährende Mutter – für
> die Universität aus." (Günter Harnisch)

Eiern,

> ➢ Im Wö. d. dt. Spr. v. Be. hat „Ei" an
> sechster Stelle (derb) die Bedeutung von
> „Hoden".

Butter

> „Als Traumsymbol weist Butter meist auf die weibliche Sexualität hin ...“ (Günter Harnisch)

und Käse mit Weißbrot und einem geregelten Verkehr?

> Im Wö. d. dt. Spr. v. Be. hat „Käse“ an zweiter Stelle (umgangssprachlich) die Bedeutung von „dummes Zeug“, zum Beispiel: „das ist ja alles Käse!“

Kann er das im schwarzen Kittel

> „Schwarz ist im Traum das Signal für einen seelischen Stillstand, auch für Trauer und Tod ...“ (Günter Harnisch). – Im Wö. d. dt. Spr. v. Be. wird „Kittel“ an erster Stelle definiert als „Arbeits-, Berufsmantel“.

und mit glattrasiertem Gesicht?

> „Der Bart symbolisiert in der Traum-sprache männliche Kraft und Potenz. Er ist ein Herrschaftssymbol. Im Traum signalisiert der Bart oft Aggressionsten-denzen. Das Abschneiden des Bartes be-deutet Kraftverlust, Unterwerfung und Impotenzerscheinungen.“ (Günter Har-nisch). – „Der Ausdruck des Gesichts

kann seelische Befindlichkeiten wider-
spiegeln ..." (Günter Harnisch)
Oder muss er die Extravaganz aufsuchen? –

> Im Wö. d. dt. Spr. v. Be. hat „Extrava-
> ganz" an erster Stelle die Bedeutung
> von „extravagantes Aussehen oder Be-
> nehmen" und an zweiter Stelle von
> „extravagante Handlung".

Lächerliche Fragen. Natürlich kann er das, wenn
er will, ohne Extravaganzen, abgesehen von einer einzigen. Er muss nämlich, ich will das hier
beiläufig erwähnen, mindestens dreimal am Tag
provokatorisch husten. Nur das – und die Welt
wird ihm zu Füßen liegen. Ein gesundes Maß an
Lächelei vereinfacht ihm den Weg, macht ihn
schnell, schneller als die sogenannten Bundesautobahnen, die gar keine sind, sondern nur Bundesärgerbahnen.

***Eine Hand greift ins Willkürliche, das noch Kau-
salität heißt, und holt die Sterne vom Himmel.***

> Gemeint ist meine Hand. – „Als
> Traumbild sind Sterne meist Symbole
> des Lichts, der Hoffnung, des Glaubens
> und der Zuversicht. Oft deuten sie auch

auf Selbstbesinnung hin." (Günter Harnisch)

Der Weg aus dem Formlosen ist der Weg in den neuen Alltag!

➢ Zurückkommend auf meine obige Frage: „Wie hat sich der Alltagsmensch den Weg von der Form in das Formlose vorzustellen?"'

Wie die Geschichte es bringt, sind Menschen vor uns auf der Welt gewesen, die da auch gelebt haben sollen. Nichts verbürgt für den Sinn.

➢ Nämlich für den Sinn ihres Lebens, ihres Daseins auf der Welt. — „Sich für etwas verbürgen" bedeutet nach dem Wö. d. dt. Spr. v. Be. „für etwas die Garantie übernehmen, Sicherheit für etwas bieten".

Zwei Tage vor dem ersten Kuss vor zwei Jahren.
Verflixt nochmal.
Mein Arbeiterdasein ist sozusagen abgeschlossen.
Mit allen meinen Händen und Füßen wehre ich mich gegen den Stumpfsinn der Aufzüge und Lichtleitungen. Das heißt aber nicht, dass ich mich ganz von den Leitungen des Lichtes abwenden werde wie einer, der böse durch den elektrischen Schlag wurde. Aber nein. Ich werde mich ganz im Gegenteil in meinem späteren Leben immer bemühen, Lichtleitungen in meine Zentrale zu installieren. Hoffentlich ist mir die Freude vergönnt, eines Tages ein paar gute und helle Lampen zu erstehen. Das bedeutet, wachsam sein und helle, damit ich nicht nach Geschäftsschluss komme, wenn womöglich das Putzmädchen die Stufen putzt. Ein letztes Angebot? – ich meine – des Lebens? Wie dem auch sei, morgen gehe ich nach Grafenberg, zwei Monate, und übermorgen ist Klassentreffen. Der Trifliximus kostet Schweiß.
Eine lädierte Liebe, das lächerliche Angebot von Schwüren und Küssen und ewiger Liebe? Eine gelungene Enttäuschung? So mag es sein. Herausstellen wird sich das erst in der nächsten Zeit,

beim „irgendwann einmal sprechen in den Semesterferien".

Drei Herzen verloren ihren Anhang. Im Fabrikhof liegt Schmutz. Die Steine dort sind schmutzig, die großen Fenster der Hallen, Rostflecken an den Toren und das eigentümlich graue Milieu, in dem sich die Stimmung des Arbeitnehmers in früher Morgenstunde überschlägt. Ich habe den Leuten gesagt, sie sollen anderswo hinziehen mit ihrem Werk, auf den Venusberg oder nach Kalifornien, wo bestimmt die Sonne scheint. In Kalifornien würden sie außerdem neben ihrem steten Frohsinn Apfelsinen und Zitronen anbauen und ernten können. Doch ihr Leid ist ewig und ihre Armut. Die Farbe soll es sein. Sie wissen nicht, ob rot, grün, blau, hell oder finster. Da habe ich lachen müssen, aber auch so. Wenn im Fabrikhof das Unkraut blüht, wird der werkseigene Gärtner angepfiffen. Ein Mann, ein Gärtner, nicht mehr, nicht weniger. Beizeiten, wenn es Sonntag ist, und die Frühe im Klang der alten Glocken ihr eigenes Gepräge erhält, schlafe ich, träume vom Meer, seiner bodenlosen Tiefe und von meinem Leid, meiner Freude, dem Auf und dem Ab, dem Himmel in unendlicher Weite und Finsternis. Dann sind die Fabriktore zu, die Maschinen ruhen fein geputzt nach einer harten Woche schneller Produktion. Am Sonntag. Dann ist der Montag mit bezauberndem Wetter, die Straßen füllen sich am Abend mit jungen Menschen, die in der Stille der zu Bett gegangenen Stadt glücklich sind.

In Kalifornien an der Küste ist das Meer. Es streicheln Frühjahrsmelodien den Abend, in den Fängen des hungernden Tigers verendet die Welt, die Einbildung. Nur Knochen bleiben eine gewisse Zeit und volle Mägen und satte Gefühle. In der Umkehrung des Gedachten ziehen Würmer wie überall ihre Spur. In der Umkehrung.

Aufgliederung des Textes

Zwei Tage vor dem ersten Kuss vor zwei Jahren. Verflixt nochmal!

Mein Arbeiterdasein ist sozusagen abgeschlossen. Mit allen meinen Händen und Füßen wehre ich mich gegen den Stumpfsinn der Aufzüge und Lichtleitungen. Das heißt aber nicht, dass ich mich ganz von den Leitungen des Lichtes abwenden werde wie einer, der durch den elektrischen Schlag böse wurde.

Aber nein.

Ich werde mich ganz im Gegenteil in meinem späteren Leben immer bemühen, Lichtleitungen in meine Zentrale zu installieren. Hoffentlich ist mir die Freude vergönnt, eines Tages ein paar gute und helle Lampen zu erstehen. Das bedeutet, wachsam zu sein und helle, damit ich nicht nach Geschäftsschluss komme, wenn womöglich das Putzmädchen die Stufen putzt. Ein letztes Angebot? – ich meine – des Lebens? Wie dem auch sei, morgen gehe ich nach Grafenberg, zwei Monate, und übermorgen ist Klassentreffen.

Der Trifliximus kostet Schweiß!

Eine lädierte Liebe, das lächerliche Angebot von Schwüren und Küssen und ewiger Liebe? Eine gelungene Enttäuschung?

So mag es sein!

Herausstellen wird sich das erst in der nächsten Zeit, beim „irgendwann einmal sprechen in den Semesterferien".

Drei Herzen verloren ihren Anhang. Im Fabrikhof liegt Schmutz. Die Steine dort sind schmutzig, die großen Fenster der Hallen. Rostflecken an den Toren und das eigentümlich graue Milieu, in dem sich die Stimmung des Arbeitnehmers in früher

Morgenstunde überschlägt. Ich habe den Leuten gesagt, sie sollen anderswo hinziehen mit ihrem Werk, auf den Venusberg oder nach Kalifornien, wo bestimmt die Sonne scheint. In Kalifornien würden sie außerdem neben ihrem steten Frohsinn Apfelsinen und Zitronen anbauen und ernten können. Doch ihr Leid ist ewig und ihre Armut.

Die Farbe soll es sein!

Sie wissen nicht, ob rot, grün, blau, hell oder finster. Da habe ich lachen müssen, aber auch so. Wenn im Fabrikhof das Unkraut blüht, wird der werkseigene Gärtner angepfiffen.

Ein Mann, ein Gärtner, nicht mehr, nicht weniger!

Beizeiten, wenn es Sonntag ist und die Frühe im Klang der alten Glocken ihr eigenes Gepräge erhält, schlafe ich, träume ich vom Meer, seiner bodenlosen Tiefe und von meinem Leid, meiner Freude, dem Auf und dem Ab, dem Himmel in unendlicher Weite und Finsternis. Dann sind die Fabriktore zu, die Maschinen ruhen fein geputzt nach einer harten Woche schneller Produktion.

Am Sonntag! Dann ist der Montag mit bezauberndem Wetter, die Straßen füllen sich am

Abend mit jungen Menschen, die in der Stille der zu Bett gegangenen Stadt glücklich sind!

In Kalifornien an der Küste ist das Meer. Es streicheln Frühjahrsmelodien den Abend, in den Fängen des hungernden Tigers verendet die Welt.

Die Einbildung!

Nur Knochen bleiben eine gewisse Zeit und volle Mägen und satte Gefühle. In der Umkehrung des Gedachten ziehen Würmer wie überall ihre Spur.

In der Umkehrung!

Deutung
  ➢ *Tagebucheintrag überwiegend inspiriert.*

Zwei Tage vor dem ersten Kuss vor zwei Jahren. Verflixt nochmal!

Mein Arbeiterdasein ist sozusagen abgeschlossen. Mit allen meinen Händen und Füßen wehre ich mich gegen den Stumpfsinn der Aufzüge und Lichtleitungen. Das heißt aber nicht, dass ich mich ganz von den Leitungen des Lichtes abwenden werde wie einer, der durch den elektrischen Schlag böse wurde.

➢ Nämlich böse auf den Strom durch einen Stromschlag.

Aber nein!

Ich werde mich ganz im Gegenteil in meinem
späteren Leben immer bemühen, Lichtleitungen
in meine Zentrale zu installieren. Hoffentlich ist
mir die Freude vergönnt, eines Tages ein paar
gute und helle Lampen zu erstehen.

➢ „Das Bild der Lampe oder Laterne findet sich öfters in den Märchen. Es erscheint dort stets, wenn die Handlung
darauf zielt, dass dem Helden ein Licht
aufgehen soll, oder wenn das Aufgehen
eines solchen Lichtes unmittelbar be-
vorsteht. Im Traum deutet das Bild eines Lichts, einer Lampe oder Laterne
darauf hin, dass ein dem Träumenden
unbewusstes Problem sich dem Bewusstsein nähert." (Günter Harnisch)

Das bedeutet, wachsam zu sein und helle, damit
ich nicht nach Geschäftsschluss komme, wenn
womöglich das Putzmädchen die Stufen putzt. –
Ein letztes Angebot? – ich meine – des Lebens?

> Im Textzusammenhang Wohl zurück-
> kommend auf die „Abschrift" zu Beginn
> meines Tagebucheintrags vom 18. Feb-
> ruar.

Wie dem auch sei, morgen gehe ich nach Grafenberg, zwei Monate,

> Im Landeskrankenhaus Düsseldorf-
> Grafenberg arbeitete ich während der
> Semesterferien des Öfteren als Hilfs-
> pfleger, um Geld zu verdienen.

und übermorgen ist Klassentreffen.

Der Trifliximus kostet Schweiß!

> Zurückkommend auf den Anfang des
> Tagebucheintrags, wo ich schrieb: „Zwei
> Tage vor dem ersten Kuss vor zwei
> Jahren. Verflixt nochmal!" – Der „erste
> Kuss" ist Ausdruck einer innigen Zunei-
> gung und Liebe. – Nach dem Wörter-
> buch der deutschen Sprache von Ber-
> telsmann (Wö. d. dt. Spr. v. Be.) hat
> „verflixt" (verhüllend) die Bedeutung
> von „verdammt". Ich verdamme hier
> also eine Situation, die Ausdruck einer
> großen Liebe ist. – Nun zur Bedeutung

des Wortes „Trifliximus". Das „Tri" verbinde ich im Textzusammenhang mit „Trinität", der Dreifaltigkeit Gottes. Bezüglich „Gott" heißt es in der Bibel: „Ihr Lieben, lasst uns einander lieb haben; denn die Liebe ist von Gott, und wer liebt, der ist aus Gott geboren und kennt Gott. Wer nicht liebt, der kennt Gott nicht; denn Gott ist Liebe." (1. Johannes 4,7-8). – „flixi" steht sicherlich für „Verflixt nochmal!", und „mus" für Muskel bzw. seinen lateinischen Namen „Musculus", denn mit den Muskeln und ihren lateinischen Namen beschäftigte ich mich im Rahmen meines Medizinstudiums gerade sehr intensiv. Damit wird mit „Trifliximus" (in Anlehnung an den in der Anatomie vorkommenden Namen „Trigeminus") eine Muskelgruppe von mir umschrieben, mit deren Hilfe ich die Dreifaltigkeit, d.h. Gott bzw. die Liebe verwünsche oder verdamme. – „Das hat mich viel Schweiß gekostet" bedeutet nach dem Wö. d. dt.

Spr. v. Be. „das war sehr mühsam, an-
strengend".

Eine lädierte Liebe, das lächerliche Angebot von
Schwüren und Küssen und ewiger Liebe? Eine
gelungene Enttäuschung?

➢ Im Wö. d. dt. Spr. v. Be. hat „Enttäuschung" an erster Stelle die Bedeutung
von „das Enttäuschen, Nichterfüllen
von Hoffnungen, Erwartungen".

So mag es sein!

Herausstellen wird sich das erst in der nächsten
Zeit, beim „irgendwann einmal sprechen in den
Semesterferien".

➢ Zurückkommend auf die Abschrift eines
Briefes in meinem Tagebucheintrag
vom 18. Februar.

Drei Herzen verloren ihren Anhang.

➢ Mit „Drei" wird sicherlich Bezug genommen auf das „Tri" in obigem Wort
„Trifliximus". — „Das Herz ist das
Symbol für körperliche Lebensenergie,
aber auch für Liebe, für Gefühlsfähig-

keit ..." (Günter Harnisch). – Im Wö. d. dt. Spr. v. Be. hat „Anhang" an dritter Stelle die Bedeutung von „Familienmitglieder, Verwandte".

Im Fabrikhof liegt Schmutz.

➢ „Arbeitende Menschen in Fabrikhallen symbolisieren Gemeinschaftsgeist und kollektives Handeln, aber auch mangelnde Individualität. Empfindet der Träumende dieses Bild als positiv oder als wertneutral, so bereitet ihm die gesellschaftliche Einordnung keine Schwierigkeiten. Wird das Traumbild als unangenehm empfunden oder löst es Angst aus, so sollten Selbstgefühl und Gemeinschaftsdenken stärker aufeinander abgestimmt werden. Konflikte mit der Umwelt können durch zu starke Ichbezogenheit bedingt sein ..." (Günter Harnisch). – Im Wö. d. dt. Spr. v. Be. hat „Schmutz" an zweiter Stelle (im übertragenen Sinn) die Bedeutung von „Anstößiges, Unanständiges".

Die Steine dort sind schmutzig, die großen Fenster der Hallen. Rostflecken an den Toren und das
eigentümlich graue Milieu,

> Im Wö. d. dt. Spr. v. Be. hat „grau" an
> zweiter Stelle die Bedeutung von „öde,
> eintönig".

in dem sich die Stimmung des Arbeitnehmers in
früher Morgenstunde überschlägt.

> Synonyme für „sich überschlagen" sind
> nach dem Duden unter anderem „kip-
> pen, umschlagen".

Ich habe den Leuten gesagt, sie sollen anderswo
hinziehen mit ihrem Werk, auf den Venusberg

> Im Wö. d. dt. Spr. v. Be. wird unter
> dem Stichwort „Venusberg" auf
> „Schamberg" verwiesen.

oder nach Kalifornien, wo bestimmt die Sonne
scheint.

> „Die Sonne ist eines der positivsten
> Traumsymbole. Sie kennzeichnet im
> Traum stets produktive schöpferische
> Energie, die künstlerische Ideen oder
> Bewusstseinsprozesse in Gang bringt."
> (Günter Harnisch). – „Die positive
> (männliche) Kraft der Seele, Energie-

symbol des Lebens, des Schöpferischen, des Befruchtenden, denn in den meisten Kulturen wird die Sonne als männlich angesehen. Wo sie im Traum aufgeht, da ist Erfolg in allen Lebensbereichen zu erwarten. Wo sie untergeht, mündet eine Glücksphase ins Alltägliche. Die leuchtende Kraft der Sonne erhellt unser Bewusstsein und macht uns für neue und gute Taten bereit ...'' (Georg Fink). – ,,... Das leuchtendste und größte Energiesymbol ist die Sonne. Wo sie im Traum aufgeht, ist stärkste Wirkung, ist ein tätiger Morgen zu erwarten. Nur in den Wüstenträumen kann die sengende Glut dem Wanderer den Tod bringen. Sonst aber ist sie die Bringerin des Lebens, des Schöpferischen, Befruchtenden. Sonnenuntergänge aber sind im Traum meist von negativer Bedeutung, eine Bewusstseinsphase geht zu Ende.'' (Ernst Aeppli). – ,,... Betrachten wir die Sonne (Orange) und die Erde (Blau), so finden wir in ihnen Urbild und Vorbild des Liebens. Das war auch der Inhalt der Sonnenreligion Altägyptens und wird auch die Religion des Wassermannzeitalters, des Evangeliums der Sonne sein." (Heinrich Elijah Benedikt)

In Kalifornien würden sie außerdem neben ihrem steten Frohsinn Apfelsinen und Zitronen anbauen und ernten können.

> „Wie die meisten Früchte, so hat auch die Orange als Traumsymbol meist sexuelle Bedeutung. Zwei Orangen deuten auf die weibliche Brust hin." (Günter Harnisch). – Bezüglich Zitrone heißt es beim gleichen Autor: „Zunächst einmal kommt dieses Traumbild oft in der Grundbedeutung des Symbols Frucht vor. Es veranschaulicht dann Selbstvertrauen, Persönlichkeitsentwicklung, Erfolg und Glück. Doch manchmal tritt als zusätzlicher Aspekt die Bedeutung von Enttäuschung und Verbitterung hinzu."

Doch ihr Leid ist ewig und ihre Armut.

Die Farbe soll es sein!

> ➤ Nämlich was ewig sein soll, die Farbe der Apfelsinen und Zitronen, also Gelb. – „Das Gelb ähnelt der Farbe des Goldes. Es symbolisiert Reife, Ernte und geistige Aktivität." (Günter Harnisch)

Sie wissen nicht, ob rot, grün, blau, hell oder finster.

> ➤ Nämlich das Ewige. – „Die Farbe Rot drückt Leidenschaft, Sinnlichkeit, Feuer und gesteigerte Vitalität aus. Aber Rot ist auch die Farbe der Revolution, der blutigen Unterdrückung. Sie kann – wie bei der Verkehrsampel – ein Gefahrensignal bedeuten." (Günter Harnisch). – „Grün ist im Traum wie in der Wirklichkeit die Farbe des frischen, neuen naturhaften Lebens. Es zeigt ein Werden an, noch keine Reife. Grün kann also auch die Bedeutung von unreif haben." (Günter Harnisch). – „Als Farbe drückt das Blau Ferne, Weite und Unendlichkeit aus. Als Farbe des Wassers symbolisiert es aber auch das

Unbewusste oder die weibliche Naturseite. Ein sehr dunkles Blau signalisiert
Ruhe, Tiefe, Nacht und unter Umständen auch Tod." (Günter Harnisch). –
Im. Wö. d. dt. Spr. v. Be. hat „hell" an
erster Stelle die Bedeutung von „reich
an Licht, von Licht erfüllt, mit viel
Licht". – Im gleichen Wörterbuch hat
„finster" an erster Stelle die Bedeutung
von „dunkel".

Da habe ich lachen müssen,

> ➢ Zu „lachen" schreibt Günter Harnisch:
> „Im Allgemeinen deutet dieses Traum-
> bild auf Unbeschwertheit, Entspanntheit
> und auf Befreiung von Konflikten hin
> ..."

aber auch so. Wenn im Fabrikhof das Unkraut
blüht,

> ➢ Zu Unkraut schreibt Günter Harnisch:
> „Dieses Traumsymbol weist auf unge-
> ordnet und nutzlos wuchernde Gedan-
> ken und Gefühle sowie auf unprodukti-
> ves Handeln hin." – Synonyme für
> „blühen" sind nach dem Duden unter

anderem „in Blüte sein/stehen, einen Aufschwung erleben, florieren, in Schwung sein".

wird der werkseigene Gärtner angepfiffen.

Ein Mann, ein Gärtner, nicht mehr, nicht weniger!

Beizeiten, wenn es Sonntag ist und die Frühe im Klang der alten Glocken ihr eigenes Gepräge erhält, schlafe ich, träume ich vom Meer, seiner bodenlosen Tiefe und von meinem Leid, meiner Freude, dem Auf und dem Ab, dem Himmel in unendlicher Weite und Finsternis. Dann sind die Fabriktore zu, die Maschinen ruhen fein geputzt nach einer harten Woche schneller Produktion.

Am Sonntag! Dann ist der Montag mit bezauberndem Wetter, die Straßen füllen sich am Abend mit jungen Menschen, die in der Stille der zu Bett gegangenen Stadt glücklich sind!

In Kalifornien an der Küste ist das Meer.

> „Das Meer ist ein archetypisches Symbol für den Ursprung des Lebendigen überhaupt, nicht des persönlichen Lebens eines Individuums. In seiner unabsehbaren Tiefe und Weite stellt es im

Traum das Kollektive Unbewusste dar. [...] Handelt der Traum am Meeresufer, so informiert er über eine Problematik im Grenzbereich zwischen dem persönlichen und dem Kollektiven Unbewussten ..." (Günter Harnisch)

Es streicheln Frühjahrsmelodien den Abend,

> Zu „Frühjahr" beziehungsweise Frühling schreibt Günter Harnisch: „Dieses Traumbild ist mit dem Symbol Jugend in der Bedeutung verwandt. Es symbolisiert neue psychische und körperliche Kraft." – Und zu „Melodie" beziehungsweise Musik heißt es beim gleichen Autor unter anderem: „Wie in der Wirklichkeit, so hat Musik auch im Traum einen starken Bezug zum Gefühlsbereich ..." – Mit „Abend" wird Bezug genommen auf den zuletzt angeführten Abend.

in den Fängen des hungernden Tigers verendet die Welt.

> „Tiere verkörpern im Traum die Naturseite des Menschen. Sie vertreten

gleichsam die Instinkte und Ahnungen. Menschliche Eigenschaften werden in Sprache und Literatur – in den Fabeln und Comics – durch Tiere und Tierverhaltensweisen dargestellt. Soweit es sich bei einzelnen Tieren um archetypische Symbole handelt, sind sie unter dem jeweiligen Stichwort beschrieben." (Günter Harnisch). – Zu „Tiger" schreibt Günter Harnisch: „Dieses Tier symbolisiert Lebenskraft, Leidenschaftlichkeit und Aggressivität."

Die Einbildung!

➢ Im Wö. d. dt. Spr. v. Be. hat „Einbildung" an dritter Stelle die Bedeutung von „trügerische, irrige Vorstellung".

Nur Knochen bleiben eine gewisse Zeit und volle Mägen und satte Gefühle.

➢ Nämlich aus meiner damaligen wissenschaftsgläubigen Sicht.

In der Umkehrung des Gedachten

➢ Nämlich des Gedanken „Dann ist der Montag mit bezauberndem Wetter, die

Straßen füllen sich am Abend mit jungen Menschen, die in der Stille der zu Bett gegangenen Stadt glücklich sind!" – Im Wö. d. dt. Spr. v. Be. hat „Umkehrung" an erster Stelle die Bedeutung von „das Umkehren, Umdrehen".

ziehen Würmer wie überall ihre Spur.

➢ „Manchmal symbolisiert ein Wurm das männliche Glied. Oft weist dieses Bild aber auch auf sexuelle Wünsche und Schuldgefühle hin, die den Träumenden belasten ..." (Günter Harnisch)

In der Umkehrung!

3. März 1961, 0:10 Uhr (Grafenberg)

Schon vorgestern war es, wie sagenhaft schnell die Zeit vergeht, hörte eine große Liebe auf, ganz plötzlich wie ein Donnerschlag – man erschrickt – und dann ist Stille – bis zum nächsten? Wer weiß. Ich bat sie heute, nichts hässlich zu machen und das, wovon ich zwei Jahre geträumt, zu einer schönen Freundschaft zu machen. Ein absurder Gedanke: Nähe und Ferne, Liebe und Freundschaft, ob es geht? Mich quält doch der Gedanke, sie wird eines Tages einen anderen Jungen haben, den sie küsst, den sie …. – wie blöd die Menschen doch sind und wie schwer sie ihr Leben machen. Was soll man tun? Die Zukunft bleibt immer verschleiert. Es wird für mich schlimm werden, ein anderes Mädchen zu haben, denke ich, doch wie leicht flacht das mit gegenteiligen Erfahrungen ab, wird zu einer Floskel, einer netten Floskel. Ein liebes Mädchen, das mich nie verstanden hat, ein liebes Mädchen, liebes, ganz liebes.

Mit meinen Theorien bin ich noch nicht sehr viel weiter. Die Sache ist schwierig geworden. Der Beweis zum absoluten Sein, der Negation des Nichtseins im Rahmen der Unvernunft war verhältnismäßig einfach. Doch was hat man sich unter der Struktur des Seins vorzustellen? Die homogene Form könnte höchstens philosophischen Wert haben. Sie steht dann für das Sein überhaupt, für das Wesenhafte, für die Materie, das Tatsächliche. Homogen vom philosophischen Standpunkt wäre die Welt insofern, als alles vom Sein durchdrungen wird, ganz gleich, in welcher Form. Das homogene Sein ist also beweismäßig eine Forderung.

Aufgliederung des Textes

Schon vorgestern war es, wie sagenhaft schnell die Zeit vergeht, hörte eine große Liebe auf, ganz plötzlich, wie ein Donnerschlag – man erschrickt – und dann ist Stille – bis zum nächsten? Wer weiß.

Ich bat sie heute, nichts hässlich zu machen und das, wovon ich zwei Jahre geträumt, zu einer schönen Freundschaft zu machen. Ein absurder Gedanke: Nähe und Ferne, Liebe und Freundschaft. Ob das geht? Mich quält doch der Gedanke, sie wird eines Tages einen anderen Jungen haben, den sie küsst, den sie ... – Wie blöd die Menschen doch sind und wie schwer sie sich ihr Leben machen! Was soll man tun? Die Zukunft bleibt immer verschleiert. Es wird für mich schlimm werden, ein anderes Mädchen zu haben, denke ich. Doch wie leicht flacht das mit gegenteiligen Erfahrungen ab, wird zu einer Floskel, einer netten Floskel. Ein liebes Mädchen, das mich nie verstanden hat, ein liebes Mädchen, liebes, ganz liebes.

Mit meinen Theorien bin ich noch nicht sehr viel weiter. Die Sache ist schwierig geworden. Der Beweis zum absoluten Sein, der Negation des Nichtseins im Rahmen der Unvernunft, war verhältnismäßig einfach. Doch was hat man sich unter der Struktur des Seins vorzustellen? Die homogene Form könnte höchstens philosophischen Wert haben. Sie steht dann für das Sein überhaupt, für das Wesenhafte, für die Materie, das Tatsächliche.

Homogen vom philosophischen Standpunkt wäre die Welt insofern, als alles vom Sein durchdrungen wird, ganz gleich, in welcher Form!

Das homogene Sein ist also beweismäßig eine Forderung.

Deutung

Schon vorgestern war es, wie sagenhaft schnell die Zeit vergeht, hörte eine große Liebe auf, ganz plötzlich, wie ein Donnerschlag – man erschrickt – und dann ist Stille – bis zum nächsten? Wer weiß.

Ich bat sie heute, nichts hässlich zu machen und das, wovon ich zwei Jahre geträumt, zu einer schönen Freundschaft zu machen. Ein absurder Gedanke: Nähe und Ferne, Liebe und Freundschaft. Ob das geht? Mich quält doch der Gedanke, sie wird eines Tages einen anderen Jungen haben, den sie küsst, den sie ... – Wie blöd die Menschen doch sind und wie schwer sie sich ihr Leben machen! Was soll man tun? Die Zukunft bleibt immer verschleiert. Es wird für mich schlimm werden, ein anderes Mädchen zu haben, denke ich. Doch wie leicht flacht das mit gegenteiligen Erfahrungen ab, wird zu einer Floskel, einer netten Floskel. Ein liebes Mädchen, das mich nie verstanden hat, ein liebes Mädchen, liebes, ganz liebes.

Mit meinen Theorien bin ich noch nicht sehr viel weiter. Die Sache ist schwierig geworden. Der Beweis zum absoluten Sein, der Negation des

Nichtseins im Rahmen der Unvernunft, war verhältnismäßig einfach.

> *Gemeint ist wohl die Negation des Nichtseins, das ja namensmäßig aus dem Sein hervorgegangen ist. Als solches ist es von seiner Definition her unvernünftig. Als aus dem Sein hervorgegangen kann es ohne das Sein nicht existieren und gehört damit zum Sein.*

Doch was hat man sich unter der Struktur des Seins vorzustellen? Die homogene Form könnte höchstens philosophischen Wert haben. Sie steht dann für das Sein überhaupt, für das Wesenhafte, für die Materie, das Tatsächliche.

Homogen vom philosophischen Standpunkt wäre die Welt insofern, als alles vom Sein durchdrungen wird, ganz gleich, in welcher Form!

Das homogene Sein ist also beweismäßig eine Forderung.

> *Nämlich nach den Ausführungen im vorstehenden Kommentar.*

4. März 1951, Samstag

Das leise, umstrittene Lachen
an grünen Augen und Demut
leuchten die Abendsterne
ein hölzerner Boden aus
alten Brettern und frischer Farbe
der Abend trägt sie fort.

In fassungsloser Einsamkeit
Märchen des frühen Lebens
und Bilder und Tun
wie ein Spott, das Tor
der Tor ist verschlossen
im Garten welken die Blumen.

Im Garten hat volle Erde
einen Tag lang gelegen
dann kamen die Gärtner
und legten Steine auf Steine
und gestalteten das Land
es hat sein Gesicht verloren.

Aufgliederung des Textes

Das leise, umstrittene Lachen
an grünen Augen,
und ...

„Demut" leuchten die Abendsterne!

... ein hölzerner Boden aus
alten Brettern und frischer Farbe,
der Abend trägt sie fort.

In fassungsloser Einsamkeit,
Märchen des frühen Lebens,
und Bilder und Tun
wie ein Spott. Das Tor ...

Der Tor!

... ist verschlossen,
im Garten welken die Blumen.

Im Garten hat volle Erde
einen Tag lang gelegen.
Dann kamen die Gärtner
und legten Steine auf Steine
und gestalteten das Land.
Es hat sein Gesicht verloren.

Deutung

➢ Tagebucheintrag inspiriert.

Das leise, umstrittene Lachen

➢ Zurückkommend auf meinen Tagebucheintrag vom 23. Februar, wo ich
schrieb: „Da habe ich lachen müssen,
aber auch so." – „Leise" und „umstritten" wohl darum, weil es sich um eine
inspirierte Textstelle handelt, die als
solche von vielen Lesern nicht für möglich gehalten wird. – Nach dem Wörterbuch der deutschen Sprache von
Bertelsmann (Wö. d. dt. Spr. v. Be.) hat
„umstritten" die Bedeutung von „nicht
geklärt, unsicher (sodass es unter-
schiedliche Meinungen darüber gibt)".

an grünen Augen,

➢ „Grün ist im Traum wie in der Wirklichkeit die Farbe des frischen, neuen
naturhaften Lebens. Es zeigt ein Werden
an, noch keine Reife. Grün kann also
auch die Bedeutung von unreif haben."
(Günter Harnisch). – „Im Volksmund
bezeichnet man die Augen als den Spie-

gel der Seele. Das Auge hat im Traum die Symbolbedeutung eines Bewusstseinsorgans ..." (Günter Harnisch)
und ...

„Demut" leuchten die Abendsterne!

... ein hölzerner Boden aus
alten Brettern und frischer Farbe,

> ➤ Synonyme für „Bretter" sind nach dem Duden unter anderem „Bühne, Theater". — „und frischer Farbe" steht hier wohl für eine erneute Darstellung bezüglich meiner ersten Liebe bzw. Beziehung zu einem Mädchen.

der Abend trägt sie fort.

> ➤ Nämlich, im Textzusammenhang, der Abend der genannten Beziehung

In fassungsloser Einsamkeit,

> ➤ Nämlich ich

Märchen des frühen Lebens,

> ➤ Nämlich die erste große Liebe

und Bilder und Tun

> Im Wö. d. dt. Spr. v. Be. hat „Bild" an dritter Stelle die Bedeutung von „Vorstellung".

wie ein Spott. Das Tor ...

> Nämlich, im Textzusammenhang, das Gartentor

Der Tor!

... ist verschlossen,
im Garten welken die Blumen.

> „Der Garten ist im Allgemeinen ein Symbol der partnerschaftlichen Beziehung. Er zeigt Wachstum, Fruchtbarkeit, Lebensfreude an und hat fast immer eine positive Bedeutung. Der gleiche positive Informationswert geht auch von dem Gärtner im Traum aus, der den Garten hegt und pflegt." (Günter Harnisch). — „Blumen und Blüten sind allgemein als Symbolbilder für den Gefühlsbereich zu verstehen ... (Günter Harnisch)

**Im Garten hat volle Erde
einen Tag lang gelegen.**

Dann kamen die Gärtner
und legten Steine auf Steine
und gestalteten das Land.
Es hat sein Gesicht verloren.

6. März 1961, 2:00 Uhr

In ausgeglühter Erde, im Licht der Sekunden, in toter Gestorbenheit lösen die Gesetze ihre Verschlagenheit.

Wenn zu der Zeit, vielleicht halb vergessen, vielleicht voll Spannung, der Morgen anbricht, öffnet der Garten seine Welt. Aus nassem Boden steigen die Nebel gespenstisch in ihre Mäntel, flattern weit ins Land, mal hier, mal da und tropfen wie leerer Wein zur Besinnung.

Als man den Wecker aufgezogen hatte, die Stühle zurechtgerückt und das Tischtuch geglättet hatte, war es soweit, dass der Besuch erwartet werden konnte. Die Fensterläden waren verschlossen, draußen auf der Straße jagte der Verkehr vorüber, das Dämmerlicht des Abends malte mit langen Fingern unregelmäßige Figuren, wie es heißt, es malte zurück, malte aus Vergangenheit die Gegenwart und malte die Zukunft. Zur gleichen Stunde tranken die Personen abseits den Tee. Dann klingelte unten die Hausglocke. Sie kommen mit langen Beinen herauf, verschleißen mit jedem Schritt die Treppe und reißen das Geländer weg. Der Weg ist lang, die Arbeit hart. Irgendwo das Geschrei der streitenden Nachbarn, dann Hast, Sinnlichkeit und Bier.

Aufgliederung des Textes

In ausgeglühter Erde,
im Licht der Sekunden,
in toter Gestorbenheit
lösen die Gesetze ihre Verschlagenheit.

Wenn zu der Zeit,
vielleicht halb vergessen, vielleicht voll Spannung,
der Morgen anbricht,
öffnet der Garten seine Welt.

Aus nassem Boden
steigen die Nebel gespenstisch in ihre Mäntel,
flattern weit ins Land, mal hier, mal da,
und tropfen wie leerer Wein zur Besinnung.

Als man den Wecker aufgezogen hatte, die Stühle zurechtgerückt und das Tischtuch geglättet hatte, war es soweit, dass der Besuch erwartet werden konnte. Die Fensterläden waren verschlossen, draußen auf der Straße jagte der Verkehr vorüber, das Dämmerlicht des Abends malte mit langen Fingern unregelmäßige Figuren, wie es heißt, es malte zurück, malte aus Vergangenheit die Gegenwart und malte die Zukunft. Zur gleichen Stunde tranken die Personen abseits den Tee. Dann klingelte unten die Hausglocke.

Sie kommen mit langen Beinen herauf, verschleißen mit jedem Schritt die Treppe und reißen das Geländer weg.

Der Weg ist lang, die Arbeit hart!

Irgendwo das Geschrei der streitenden Nachbarn, dann Hast, Sinnlichkeit und Bier.

Deutung

In ausgeglühter Erde,

> ➤ „Ausgeglüht" im Verlauf ihrer Entstehungsgeschichte. – „Im Schoß der Erde liegt die Saat. Sie reift zu neuem Leben heran. Dementsprechend weist Erde als Traumsymbol meist auf Körperlichkeit, Fruchtbarkeit, Mütterlichkeit und Nährer. hin ..." (Günter Harnisch)

im Licht der Sekunden,

> ➤ Synonyme für „Licht" sind nach Thesaurus unter anderem „Glanz, Strahlung, Schein, Schimmer". – Mit „Sekunden" sind im Textzusammenhang

die nur kurz dauernden sexuellen Höhe-
punkte gemeint.

in toter Gestorbenheit

➢ In einer Zeit, in der die Menschen
glauben, dass ihre Verstorbenen tot
sind.

lösen die Gesetze ihre Verschlagenheit.

➢ Synonyme für „lösen" sind nach dem
Duden unter anderem „aufdecken, auf-
klären, entschlüsseln". — Im Wörter-
buch der deutschen Sprache von Ber-
telsmann (Wö. d. dt. Spr. v. Be.) wird
„Gesetz" an erster Stelle definiert als
„Regel, nach der etwas abläuft", zum
Beispiel „Naturgesetz".

Wenn zu der Zeit,

➢ Wenn zu dieser Zeit

vielleicht halb vergessen, vielleicht voll Spannung,

➢ ... vielleicht voll Spannung erwartet

der Morgen anbricht,

➢ „Der Morgen, die Morgendämmerung,
die Morgenröte, der Sonnenaufgang —
diese Zeitangaben im Traum haben po-

sitive Bedeutung. Etwas Wesentliches rückt in das Bewusstsein des Träumenden." (Günter Harnisch)

öffnet der Garten seine Welt.

> „Der Garten ist im Allgemeinen ein Symbol der partnerschaftlichen Beziehung. Er zeigt Wachstum, Fruchtbarkeit, Lebensfreude an und hat fast immer eine positive Bedeutung ..." (Günter Harnisch). – Im Wö. d. dt. Spr. v. Be. hat „Welt" an vierter Stelle die Bedeutung von „Lebensbereich".

Aus nassem Boden

> „Das Wasser symbolisiert im Traum unbewusste seelische Energie ..." (Günter Harnisch)

steigen die Nebel gespenstisch

> „Wie der Nebel in der Wirklichkeit genaues Erkennen und Orientierung verhindert, so gilt er auch in der Traumsprache als Symbol für Ungewissheit, Zweifel, Unsicherheit und Sinnestäuschung." (Günter Harnisch). – Im Wö. d. dt. Spr. v. Be. hat „gespenstisch" an

erster Stelle die Bedeutung von „wie ein Gespenst". – „Geisterhafte Spukgestalten zeigen meist eine Verwirrung in unserem Innenleben an. Vielleicht weisen sie auch darauf hin, dass wir leicht in Versuchung zu führen sind und möglicherweise einen etwas labilen Charakter haben." (Georg Fink)

in ihre Mäntel,

> „Der Mantel als Traumsymbol hat Schutzfunktion. Als Standeszeichen einer bestimmten Berufsgruppe (Priester, Richter, Ärzte) symbolisiert der Mantel entsprechende Eigenschaften dieser Berufe." (Günter Harnisch)

flattern weit ins Land, mal hier, mal da,

> „Der Blick auf eine Landschaft symbolisiert in der Sprache unserer Träume meist die Lebensperspektiven des Träumenden ..." (Günter Harnisch)

und tropfen wie leerer Wein zur Besinnung.

> Ein Synonym für „tropfen" ist nach dem Duden unter anderem „einträufeln". – „Wie leerer Wein" ist im Text-

zusammenhang zu verstehen im Sinne von „wie alkoholfreier Wein". — Im Wö. d. dt. Spr. v. Be. hat „Besinnung" an zweiter Stelle die Bedeutung von „ruhige Überlegung, ruhiges Nachdenken, vernünftiges Denken".

Als man den Wecker aufgezogen hatte,
➤ Nämlich den, der wecken soll. — „Jemanden wecken" bedeutet nach dem Wö. d. dt. Spr. v. Be. „jemanden zum Erwachen, zum Wachsein bringen, wach machen, aus dem Schlaf reißen". — Synonyme für „aufziehen" sind nach dem Duden an fünfter Stelle unter anderem „großziehen, heranziehen".

die Stühle zurechtgerückt
➤ Gemeint sein dürften damit die Positionen der in meinen Tagebüchern vorkommenden Gesprächsteilnehmer, denn Synonyme für Stuhl sind nach „SYNONYME.DE" unter anderem „Sitzgelegenheit, Platz, Residenz".

und das Tischtuch geglättet hatte, war es soweit, dass der Besuch erwartet werden konnte.

> In Verbindung mit früheren Tagebuch-texten sind mit „Besuch" bzw. Besucher Leser der Tagebücher gemeint.

Die Fensterläden waren verschlossen,

> Zu „Fenster" schreibt „Der Traumdeu-ter.ch" unter anderem: „Psychologisch: Der Träumende nimmt nicht direkt am Geschehen des Lebens teil, er befindet sich eher in der Rolle des Beobachters ..."

draußen auf der Straße jagte der Verkehr vorü-ber,

> Nämlich in der Realität

das Dämmerlicht des Abends

> „(Jemandem) dämmern" bedeutet nach dem Wö. d. dt. Spr. v. Be. „jemandem klar werden, bewusst werden". Und „es geht ihm ein Licht auf" bedeutet nach dem Lexikon der sprichwörtlichen Re-densarten: „es wird ihm alles klar, er hat verstanden". – „... Der Abend im Traum kann auch einen Hinweis auf

der. Lebensabend enthalten." (Günter Harnisch)

malte mit langen Fingern

> Nach dem Wö. d. dt. Spr. v. Be. hat „malen" im übertragenen Sinn die Bedeutung von „anschaulich beschreiben, darstellen". — „mit langen Fingern" heißt wohl, mit Fingern, mit welchen ich vor einem halben Jahrhundert meine Tagebucheintragungen machte und später in meinem Ruhestand bearbeitete und. interpretierte.

unregelmäßige Figuren, wie es heißt,

> Im Wö. d. dt. Spr. v. Be. hat „unregelmäßig" an erster Stelle die Bedeutung von „nicht regelmäßig, von der Regel abweichend". Nach dem gleichen Wörterbuch hat „Figur" an zweiter Stelle (abwertend) die Bedeutung von „Mensch, Person", zum Beispiel „er ist eine komische, merkwürdige, zwielichtige Figur".

es malte zurück,

> Nämlich das „Dämmerlicht des Abends"

malte aus Vergangenheit   die Gegenwart und malte die Zukunft. Zur gleichen Stunde tranken die Personen abseits den Tee. Dann klingelte unten die Hausglocke. Sie kommen mit langen Beinen herauf,

> Nämlich der „erwartete Besuch". – Im Wö. d. dt. Spr. v. Be. hat „lang" an dritter Stelle die Bedeutung von „viel Zeit beanspruchend", zum Beispiel „ein langer Weg".– „Mit den Beinen, dem Fuße ist symbolisch verbunden, was unsern „Lebensgang" betrifft. Die phallische, also sexuelle Bedeutung, welche die Psychoanalyse dem Symbol des Fußes mit Recht auch zuspricht, tritt hinter jenen allgemeinen Gehalt des Fußsymbols als ein Zeichen dessen, womit wir weiterschreiten, zurück." (Ernst Aeppli)

verschleißen mit jedem Schritt die Treppe und reißen das Geländer weg.

> Synonyme für „Schritt" sind nach dem Duden unter anderem „Aktion, Handlung, Maßnahme, Vorgang". – „Die Treppe als Traumbild kennzeichnet

Übergangssituationen. Dabei kann es sich um einen Aufstieg oder Abstieg handeln. Bilder von einem Aufstieg deuten auf einen Prozess des Bewusstwerdens hin." (Günter Harnisch)

Der Weg ist lang, die Arbeit hart!

➢ "Straßen oder Wege erscheinen im Traum als Symbole des Lebenswegs ..." (Günter Harnisch)

Irgendwo das Geschrei der streitenden Nachbarn, dann Hast, Sinnlichkeit und Bier.

Zwischen dem 6. März und 1. April 1961

Fakten sind: Als sie mich so „heiß" liebte und wie wahnsinnig an mir hing.

> ➤ Zu verstehen im Sinne von: Fakten sind: Es gab eine Zeit, wo sie, nämlich G., sagte, dass sie mich so heiß liebe und wie wahnsinnig an mir hänge.

1. April 1961

Wie einsam es ist – und wie schön. Wenn ich kein Radio hätte! Das Bier, bald ist die Flasche leer. Ich möchte, sie füllte sich ununterbrochen, brochen, brochen: Ich verehre den Schlüssel. Eigentlich ist die Musik ganz schon schön. Ein Schwimmen vielleicht. Ich fahre weit fort, zu den Wolken. Ja, die sind richtig. Die Wolken haben es in sich. Sie sind grau und hell, und manchmal scheint die Sonne. Wie ich hier nur sitze. Ach, nichts Gescheites, die Pfeife geht wieder aus. Ich möchte schlafen. Ein Weh, wer hat sie gesehen. Unmenschliches Fleisch. Aber so gleichgültig ist alles. Kämpfe ich fünf Stunden mehr?

Zu den Wolken, die über das Land ziehen, rastlos, vom Wind gejagt wie das Leben von der Not, der Angst. Wo halten sie, wo lassen sie die Sonne zur Erde, wo sprießen die Blumen, die nicht in der großen Trockenzeit verdursten? Wo lebt der Wurm, der keine Pfütze ertränkt? Ich habe mich zusammengenommen, will das Hassen vergessen, die Auflehnung gegen das Unabänderliche. In meinem Zimmer ist es spät – oder früh. Unermüdlich rechen Melodien das Leben. Die steinernen Wände sind alt. Meister, Meister, deine Lehre ist falsch. Bringe mehr Witz.

Wie eines das andere durchwebt, ich denke das Morgen, das Abend, das Gestern, überall laufen die Gedanken zum Hier. Hat es Wert? Man geht einfach zu ihm, findet es gut, die Leichtigkeit. Vergangenheit voller Kongruenz. Ich möchte mich nicht verschlafen, der Wecker hat die Zeit eingestellt, eine bestimmte Zeit zuerst.

<u>Aufgliederung des Textes</u>

Wie einsam es ist ...

Und wie schön!

Wenn ich kein Radio hätte! Das Bier, bald ist die Flasche leer. Ich möchte, sie füllte sich ununterbrochen ...

Brochen!

Brochen? Ich verehre den Schlüssel! − Eigentlich ist die Musik ganz schön, ein Schwimmen vielleicht. Ich fahre weit fort, zu den Wolken.

Ja!

Die sind richtig, die Wolken haben es in sich. Sie sind grau und hell, und manchmal scheint die Sonne.

Wie ich hier nur sitze, ...

Ach!

... nichts Gescheites, die Pfeife geht wieder aus. Ich möchte schlafen. Ein Weh – wer hat sie gesehen? Unmenschliches Fleisch! Aber so gleichgültig ist alles. Kämpfe ich fünf Stunden mehr? Zu den Wolken, die über das Land ziehen, rastlos, vom Wind gejagt, wie das Leben von der Not, der Angst. Wo halten sie, wo lassen sie die Sonne zur Erde, wo sprießen die Blumen, die nicht in der großen Trockenzeit verdursten? Wo lebt der Wurm, den keine Pfütze ertränkt?

Ich habe mich zusammengenommen, will das Hassen vergessen, die Auflehnung gegen das Unabänderliche.

In meinem Zimmer ist es spät – oder früh. Unermüdlich reihen Melodien das Leben. Die steinernen Wände sind alt.

Meister, Meister, deine Lehre ist falsch! Bringe mehr Witz!

Wie eines das andere durchwebt! Ich denke das Morgen, das Abend, das Gestern, überall laufen die Gedanken zum Hier. Hat es Wert?

Man geht einfach zu ihm, findet es gut, die Leichtigkeit!

Vergangenheit voller Kongruenz?! Ich möchte mich nicht verschlafen. Der Wecker hat die Zeit eingestellt, eine bestimmte Zeit zuerst!

Deutung

> Tagebucheintrag zum Teil inspiriert.

Wie einsam es ist ...

Und wie schön!

Wenn ich kein Radio hätte! Das Bier, bald ist die Flasche leer. Ich möchte, sie füllte sich ununterbrochen ...

Brochen!

Brochen? Ich verehre den Schlüssel! –

> Nämlich zu ,,Brochen!''. – Im Wörterbuch der deutschen Sprache von Bertelsmann (Wö. d. dt. Spr. v. Be.) hat ,,verehren'' an dritter Stelle die Bedeutung von ,,achten, schätzen''. – Synonyme für ,,Schlüssel'' sind nach dem Duden unter anderem ,,Erklärung, Lösung''. – Am 1. Januar schrieb ich ins

> Tagebuch: „Ich kotzte letzte Nacht ro-
> ten Wein durchs Fenster in die Tiefe, in
> die Freiheit, wo er herkam, und eine
> Ahnung überirdischen Glückes überkam
> mich dabei. Gesoffen hatte ich bis zum
> Kotzen, und vom Kotzen an schlief ich
> quer durch wohltuende Stunden."

Eigentlich ist die Musik ganz schön, ein Schwimmen vielleicht.

> ➢ Zu „Schwimmen" schreibt Günter Har-
> nisch unter anderem: „Dieses Traumbild
> symbolisiert körperliche und seelische
> Entspanntheit, Ausgeglichenheit und ein
> positives Selbstwertgefühl ..."

Ich fahre weit fort, zu den Wolken.

Ja!

Die sind richtig,

> ➢ Wohl bezugnehmend auf die vorange-
> gangene Zustimmung. – Im Wö. d. dt.
> Spr. v. Be. hat „richtig" an erster Stelle
> die Bedeutung von „der Wirklichkeit,
> den Tatsachen entsprechend".

die Wolken haben es in sich. Sie sind grau und
hell,

➤ Zu „Wolken" schreibt Günter Harnisch: „Dieses Traumbild gibt Hinweis auf die gegenwärtige Stimmungslage des Träumenden. Weiße Wolken an einem blauen Himmel deuten auf Heiterkeit und Optimismus. Dunkle Regenwolken symbolisieren eine pessimistische oder depressive Stimmung. Brauen sich Gewitterwolken zusammen, so stehen heftige Gefühlsausbrüche vor." (Günter Harnisch). – „Es in sich haben" (von Dingen) bedeutet nach dem Lexikon der sprichwörtlichen Redensarten von Lutz Röhrich „mehr sein als nach außen hin scheinen".

und manchmal scheint die Sonne.

➤ „Die Sonne ist eines der positivsten Traumsymbole. Sie kennzeichnet im Traum stets produktive schöpferische Energie, die künstlerische Ideen oder Bewusstseinsprozesse in Gang bringt." (Günter Harnisch). – „Die positive (männliche) Kraft der Seele, Energiesymbol des Lebens, des Schöpferischen, des Befruchtenden, denn in den meisten Kulturen wird die Sonne als männlich angesehen. Wo sie im Traum aufgeht, da ist Erfolg in allen Lebensbereichen zu erwarten. Wo sie untergeht, mündet eine Glücksphase ins Alltägliche. Die leuchtende Kraft der Sonne erhellt unser Bewusstsein und macht uns für neue und gute Taten bereit ..." (Georg Fink). – ,,... Das leuchtendste und größte Energiesymbol ist die Sonne. Wo sie im Traum aufgeht, ist stärkste Wirkung, ist ein tätiger Morgen zu erwarten. Nur in den Wüstenträumen kann die sengende Glut dem Wanderer den Tod bringen. Sonst aber ist sie die Bringerin des Lebens, des Schöpferischen, Befruchtenden. Sonnenuntergänge aber sind im Traum meist von negativer Bedeutung, eine Bewusstseinsphase geht zu Ende." (Ernst Aeppli). – ,,... Betrachten wir die Sonne (Orange) und die Erde (Blau), so finden wir in ihnen Urbild und Vorbild des Liebens. Das war

221

auch der Inhalt der Sonnenreligion Altägyptens und wird auch die Religion des
Wassermannzeitalters, des Evangeliums
der Sonne sein." (Heinrich Elijah Benedikt)

Wie ich hier nur sitze, ...

Ach!

... nichts Gescheites, die Pfeife geht wieder aus.
Ich möchte schlafen. Ein Weh – wer hat sie gesehen?

> ➢ Gemeint ist G., meine Freundin, die
> mich verließ.

Unmenschliches Fleisch!

> ➢ Gemeint ist mein „Fleisch". Zu Fleisch
> schreibt Günter Harnisch unter ande-
> rem: „Dieses Symbol bezieht sich fast
> immer auf körperliche, meist sexuelle
> Energien und Bedürfnisse. Rohes Fleisch
> veranschaulicht Körperkraft, Potenz
> und Leidenschaft oder den Wunsch
> nach diesen Eigenschaften ...""

Aber so gleichgültig ist alles.

> Im Wö. d. dt. Spr. v. Be. hat „gleichgül-
> tig" an zweiter Stelle die Bedeutung
> von „bedeutungslos". In meinem Tage-
> bucheintrag vom 8. Februar schrieb ich,
> auf mich bezogen: „Eine vieleckige Form
> voller Melancholie".

Kämpfe ich fünf Stunden mehr?

> Im Wö. d. dt. Spr. v. Be. wird „kämp-
> fen" definiert als „mit Waffen, Worten
> oder anderen Mitteln gegen einen Geg-
> ner vorgehen, sich für oder gegen etwas
> einsetzen, etwas zu erreichen, zu ver-
> hindern suchen".

Zu den Wolken, die über das Land ziehen,

> Damals ging ich davon aus, dass der
> Mensch nach seinem Tod zum größten
> Teil verdunste und damit zu einem Be-
> standteil der Wolken würde. – „Der
> Blick auf eine Landschaft symbolisiert in
> der Sprache unserer Träume meist die
> Lebensperspektiven des Träumenden.
> Sie sind so beschaffen, wie sich ihm die
> Traumlandschaft präsentiert ..." (Gün-
> ter Harnisch)

rastlos, vom Wind gejagt, wie das Leben von der Not, der Angst.

> „… Oft ist der Wind Hinweis auf starke geistige Energien. […] Wo eine starke geistige Bewegtheit einsetzt, dort teilt sie sich oft im Traum als herannahender Sturm mit …" (Günter Harnisch)

Wo halten sie, wo lassen sie die Sonne zur Erde, wo sprießen die Blumen, die nicht in der großen Trockenzeit verdursten? Wo lebt der Wurm, den keine Pfütze ertränkt?

Ich habe mich zusammengenommen, will das Hassen vergessen, die Auflehnung gegen das Unabänderliche.

In meinem Zimmer ist es spät – oder früh. Unermüdlich reihen Melodien das Leben. Die steinernen Wände sind alt.

Meister, Meister, deine Lehre ist falsch!

> Nämlich bezogen auf das, was ich gerade vorbrachte, denn: „Jesus spricht zu ihm: Ich bin der Weg und die Wahrheit und das Leben; niemand kommt zum Vater denn durch mich." (Johannes 14:6)

Bringe mehr Witz!

Wie eines das andere durchwebt!

> ➢ Nämlich die mir rätselhaften Bemer-
> kungen meines mir damals nicht be-
> wussten Gesprächspartners zu dem,
> was ich vorbrachte. – „Etwas mit etwas
> durchweben" bedeutet nach dem Wö. d.
> dt. Spr. v. Be. „etwas in etwas hinein-
> weben".

Ich denke das Morgen, das Abend, das Gestern,

> ➢ Wohl der Aufforderung folgend: „Bringe
> mehr Witz!"

überall laufen die Gedanken zum Hier.

> ➢ Im Wö. d. dt. Spr. v. Be. hat „laufen"
> an achter Stelle die Bedeutung von
> „führen, verlaufen".

Hat es Wert?

Man geht einfach zu ihm, findet es gut, die Leichtigkeit!

Vergangenheit voller Kongruenz!

> ➢ Nämlich durch das „Hier". – Im Wö. d.
> dt. Spr. v. Be. hat „Kongruenz" an ers-

ter Stelle die Bedeutung von „Überein-
stimmung".

Ich möchte mich nicht verschlafen.

> „Etwas verschlafen" hat im Wö. d. dt.
Spr. v. Be. an erster Stelle die Bedeutung von „durch Schlafen versäumen".

Der Wecker hat die Zeit eingestellt, eine bestimmte Zeit zuerst.

> Bezüglich „Wecker" siehe meinen Tage-
bucheintrag vom 6. März.

Eine Minute vielleicht, oder zwei. Was darin geschieht? Ach, nichts. Sie sind konkret! Ich beleuchte ihr Ende, das Ende der Minuten. Werde
ich sie beleuchten? Das Licht und die Minuten:
ich möchte sie tanzen sehen, zärtlich, eng, ohne
Gedanken, mit Gedanken, mit einem, der formlos ist, tiefes Gefühl, allmählich sich verlierend
und doch gegenwärtig. Gegenwärtig in den Minuten, die ich beleuchte, heute am Abend. Was
ist mit mir. Ich wechsele meine Haut, mache sie
grün, weiß, mache sie ohne Farbe und sehe sie
weißen. Die Minuten vergehen konkret. Wer
kennt ihre Form. Man sollte es doch wissen, ganz
einfach: Minuten – Minuten, nein, die Sekunden
verstreichen und nur angefangen bleibt der Versuch. So sagen sie es doch. Geben Sie mit, teilen
Sie, damit es menschlich wird. Wen rede ich an?
Ich suche es mir vorzustellen, einen großen
Geist? Mit zwei Armen, zwei Beinen? – wie wir?
– einem Bauch, einem Kopf mit Gesicht? Geh'
doch. Was soll das sein. Bin ich so arm. Bald ist es
Abend. Meine Minuten haben den Tag vollgemacht. Ich schlief den Morgen, draußen regnete
es, dann ging ich essen. Ein Weg war da. Hinterher wurde es trocken. Blumen – überall neues
Leben. Ich stand und fand es schön, das grüne
Grün, die schwüle Sonne, den ewigen Garten.

Man konnte ihn riechen. Einem kleinen Jungen zeigte ich die Vögel. Es waren große, schwarze Vögel mit einem gelben Schnabel. Sie saßen neben uns, als ob sie keine Angst hätten. Sollten sie auch Angst haben. Ich wollte es nicht, und sie blieben auch sitzen, guckten, suchten auf der nasswarmen Wiese die letzten Würmer für die Nacht, das letzte Wasser, die letzten Salze. Wie einfach, da saßen Vögel und pickten und lebten. Ich schämte mich, wollte weinen, wollte ganz traurig sein. Beinah, sie leben, ja.

Dann ist die Nacht vorbei, eine Nacht des Wartens. Sie schliefen, sie schlugen sich nicht, sie waren still, so still wie die Zeit, ihre Augen so wie die Augen der anderen, ihr Atem so wie unser Atem. Ich frage mich, was es einbringt, warum die weißen Wände, die Betten und der Tisch, an dem wir wachten. Warum gibt es so viel Elend, unverdientes Elend, klaffendes Fleisch und seelenlose Augen? Eine Nacht ist vorbei, eine Nacht wird kommen und dann wieder eine. Mit Dunkelheit und keimender Dämmerung, Kälte, die Vögel besingen den Morgen: Es ist so schön draußen, der kommende Tag, das Licht, die Blumen, das Gras. Die Müdigkeit macht die Welt arm, macht sie zum Bettler, zu einem Traum.

Träumen, träumen wir? Was träumen wir? Heute? – dann? – oder gestern? Sehen Sie, die Menschen träumen von unmöglichen Dingen, träumen Märchen, Liebe, Ehrlichkeit, – träumen ein Paradies des Glückes.

Jetzt, jetzt musst du schreiben. Warum zögerst du? Ist dir schlecht? Du schwitzt, du hast Schmerzen, du hast wenig Schlaf gehabt, der Tag war nicht so, wie du es haben wolltest. Du hattest keine Lust. Du flohst den Gedanken, hattest Angst zu schreiben, stundenlang zu schreiben. Du fragtest, wofür, du sahst die Eintragung ins Tagebuch: Blitzdepesche: Suche Sinn. Wie lächerlich, ja, urkomisch. Doch was fühltest du hinterher. Quält dich dieser Gedanke nicht noch heute? Ist er nicht noch da? Vielleicht, oder, ja, vielleicht auch nicht. Du hast seit jener furchtbaren Zeit der Leere gewonnen, du hast den Weg zu den Menschen zurückgefunden. Ist das nichts. Oh, nichts! Was für ein Wort – und Mensch: kein Rückweg, eine Notlösung, eine Aufgabe. Wir brauchen uns: Jeder jeden, weil wir so arm sind, ganz arm geworden.

Ich fühle die Straße unter meinen Füßen, Wasser gibt es irgendwo im Land, große Wasser – und Feuer. Die Flammen wärmen den Menschen. Manchmal verbrennen sie die Menschen auch.

Dann gibt es großes Leid. Aber was ist das Leid. Möchten sie es haben. So, dann sagen sie zu, es wartet überall. Und was soll das heißen. Warum frage ich nicht anders, warum frage ich überhaupt. Kennt ihr den Tod, das wächserne Bild eines Menschen, die Kälte seiner Wangen und die trostlose Stille, die auf seinem Leichenbett liegt. Habt ihr darüber nachgedacht, nochmal in eurem Innersten die glänzenden Augen jenes Menschen gesehen. Er ist zu Schmutz geworden, sein Atem ist verstummt, draußen warten die Fliegen, das unterirdische Gewürm, um sich an ihm in den Tod zu beißen. Kennt ihr diese Nachbarschaft von Leben und Tod. Es fällt Regen. In dicken Tropfen kommt das Wasser vom Himmel. Die Wolken kommen und gehen, die Sonne geht und kommt, bald ist die Erinnerung tot. Für uns gestorben, für die Lebenden.

Und schreiben, schreiben. Eine Unruhe. Manchmal ist sie stark, macht ungeduldig, hastig, unüberlegt. Eine Unruhe, die das Tier treibt, stark zu werden, zu lernen. Unsinnig viel will ich tun, nicht zurückstehen, nicht weniger leisten als die anderen: mehr, und viel mehr. Wäre da nur nicht diese entsetzliche Leere, die jeden Versuch zurücktreibt in das „egal". Wozu sind die Menschen so, warum haben sie keine Seele, keine wahre Liebe, kein echtes Leben, das lohnt, gelebt zu werden? Warum steckt hinter uns die Kausalität, die notwendige Folge all unseres Handelns und Denkens? Warum sind wir nicht reicher als die anderen Lebewesen, die nur einfacher sind, ohne Lüge, ohne Verstand, ohne die 25. Möglichkeit. Es ist heute so, dass ich die Welt vertausche, wie ich kann, dass ich auswechsele, was mir beliebt. Aber das ist alles so sinnlos, konstruktiv, dass man darüber das Leben vergisst. Schuld ist die Vergangenheit, unsere Erziehung, die einen Gott lehrte und eine Seele. Wie verhalte ich mich, wenn ich das alles leugne, wenn ich glaube, dass dieser berühmte, Gedanken gestaltende Sinn ins Sinnlose oder zum Sinnlosen führt? Ich bin traurig. Darf ich das sein, soll ich zum Opfer von gutgläubigen Menschen vor mir werden, zu meinem eigenen Opfer. Immer wieder frage ich das und immer wieder sage ich Nein. Wann hört endlich diese Auseinandersetzung, die zermürbende Quälerei auf? Ich möchte dem allen entfliehen. Wohin? In das Märchen, die ungeheure Möglichkeit der Kombinationen? Ich will nicht als Resultat meines Glaubens zum Tier, zum menschlichen Tier werden. Eine Welt steht auf, in die ich hineinsteigen kann, von Stufe zu Stufe, höher und höher. Wunderbare Dinge, die es in der Natur nicht gibt, möchte ich in meine Welt hineinstellen, Neues, was die Aufmerksamkeit von dem Gesetzmäßigen der Welt, unseres Seins ablenkt. Aber wie kann ich das verantworten? Es sind so viele Ideen da, und nur eine kann gedacht und geschrieben werden. So versperrt der Mensch sich selbst, schließt mit der Seele die Seele, mit dem Glück das Glück, mit dem Leben das Leben. Manchmal habe ich keine Lust mehr, möchte nie geboren sein. Oder nur Kind sein. Denn für dieses ist die Welt ein Erlebnis, überall entfaltet sie sich zu wunderbaren, reizvollen Dingen, die bestaunt werden. Das Kind fragt nicht nach Sinn, es gibt nur Gestalten und Formen, die immer wechseln. Jedes einzelne hat sein Wesen und ist Mittelpunkt in seiner eigenen Welt. Als Kind geboren oder zum Kind geboren dürfte das schönste Glück, die ungetrübte Freude für einen Menschen sein. Eine Idee. So absurd oder der Realismus ins Absurde geführt. Soll man es verwerfen. Was bleibt dann! Das Essen, Trinken und das Andere? Und die philosophische Erhöhung des Menschen? Das genügt alles nicht, weil die Anlage zu groß ist für die Nüchternheit. Wieder eine Fehlentwicklung des Menschen? Bringt ihn sein Verstand ums Leben? Wird er die Sprachen verwirren, in die intellektuelle Schizophrenie führen. Man möchte es glauben. Oder werden die Menschen ihre Fantasie zu zügeln wissen, wenn sie den gefährlichen, entwertenden Punkt überschreiten. Denn das Wesentliche muss wesentlich bleiben, auch wenn es nur unwesentlich ist. Die Schizophrenie, möchte ich glauben, ist nicht das Ende der Welt, denn immer werden sich die Menschen ihres Seins und seiner Bedeutung erinnern, weil es so stark ist, und mit jedem Gefühl erneut in seine Wirklichkeit zurückkehren.

Einst sah ich mich selbst in einem Spiegel, der blank war und voller Leben. Ich fragte mich, ob das mein Bild sei – und fragte es eigentlich ohne Lust. Denn der Spiegel war nur ein Spiegel mit einer blanken Fläche, die silbrig glänzte, obwohl er in einem Raum ohne Licht war. Im Spiegel sah ich mein Bild und sah es nicht. Ich sagte zu ihm, es solle gehen, das Bild im Spiegel, aber ich sagte es nur zu mir selbst.

Aufgliederung des Textes

Eine Minute vielleicht, oder zwei. Was darin geschieht? – Ach, nichts. Sie sind konkret! Ich beleuchte ihr Ende, das Ende der Minuten. Werde ich sie beleuchten? Das Licht und die Minuten: ich möchte sie tanzen sehen, zärtlich, eng, ohne Gedanken, mit Gedanken, mit einem, der formlos ist, tiefes Gefühl, allmählich sich verlierend und doch gegenwärtig, gegenwärtig in den Minuten, die ich beleuchte heute am Abend. – Was ist mit mir? Ich wechsele meine Haut, mache sie grün, weiß, mache sie ohne Farbe und sehe sie weißen. – Die Minuten vergehen konkret. Wer kennt ihre Form? Man sollte es doch wissen,

Ganz einfach: Minuten!

Minuten, nein, die Sekunden verstreichen, und nur angefangen bleibt der Versuch. So sagen Sie es doch! Geben Sie, teilen Sie es mit, damit es menschlich wird!
Wen rede ich an? Ich suche es mir vorzustellen: Einen großen Geist? – Mit zwei Armen, zwei Beinen? – Wie wir? – Mit einem Bauch, einem Kopf, mit Gesicht?

Geh doch!

Was soll das sein? Bin ich so arm? – Bald ist es Abend. Meine Minuten haben den Tag vollgemacht. Ich schlief den Morgen, draußen regnete es. Dann ging ich essen.

Ein Weg war da!

Hinterher wurde es trocken.

Blumen – überall neues Leben!

Ich stand und fand es schön, das grüne Grün, die schwüle Sonne.

Den ewigen Garten!

Man konnte ihn riechen. Einem kleinen Jungen zeigte ich die Vögel. Es waren große schwarze Vögel mit einem gelben Schnabel. Sie saßen neben uns, als ob sie keine Angst hätten. Sollten sie auch Angst haben? Ich wollte es nicht, und sie blieben auch sitzen, guckten, suchten auf der nasswarmen Wiese die letzten Würmer für die Nacht, das letzte Wasser, die letzten Salze. Wie einfach, da saßen Vögel und pickten und lebten. Ich schämte mich, wollte weinen, wollte ganz traurig sein. Beinah.

Sie leben!

Ja. Dann ist die Nacht vorbei, eine Nacht des Wartens. Sie schliefen, sie schlugen sich nicht, sie waren still, so still wie die Zeit, ihre Augen so wie die Augen der anderen, ihr Atem so wie unser Atem. Ich frage mich, was es einbringt. Warum die weißen Wände, die Betten und der Tisch, an dem wir wachten? Warum gibt es so viel Elend, unverdientes Elend, klaffendes Fleisch und seelenlose Augen? – Eine Nacht ist vorbei, eine Nacht wird kommen und dann wieder eine, mit Dunkelheit und keimender Dämmerung und Kälte.

Die Vögel besingen den Morgen, es ist so schön draußen: Der kommende Tag, das Licht, die Blumen, das Gras!

Die Müdigkeit macht die Welt arm, macht sie zum Bettler, zu einem ...

Traum!

Träumen – träumen wir? Was träumen wir? Heute? – dann? – oder gestern? Sehen Sie, die Menschen träumen von unmöglichen Dingen, träumen von Märchen, Liebe, Ehrlichkeit – träumen von einem Paradies des Glückes!

Jetzt, jetzt musst du schreiben. Warum zögerst du? Ist dir schlecht? Du schwitzt, du hast Schmerzen, du hast wenig Schlaf gehabt. Der Tag war nicht so, wie du es haben wolltest. Du hattest keine Lust, du flohst vor den Gedanken, hattest Angst zu schreiben, stundenlang zu schreiben. Du fragtest, wofür!

Du sahst die Eintragung im Tagebuch: „Blitzdepesche: Suche Sinn"? Wie lächerlich!

Ja, urkomisch! Doch, was fühltest du hinterher? Quält dich dieser Gedanke nicht noch heute? Ist er nicht noch da?

Vielleicht, oder, ja, Vielleicht auch nicht.

Du hast seit jener furchtbaren Zeit der Leere gewonnen, du hast den Weg zu den Menschen zurückgefunden! Ist das nichts?

Oh, nichts! Was für ein Wort – und Mensch! – Kein Rückweg! Eine Notlösung, eine Aufgabe! Wir brauchen uns, jeder jeden, weil wir so arm sind – ganz arm geworden!
Ich fühle die Straße unter meinen Füßen. Wasser gibt es irgendwo im Land, große Wasser – und Feuer.

Die Flammen wärmen den Menschen!

Manchmal verbrennen sie die Menschen auch. Dann gibt es großes Leid. Aber was ist das Leid? Möchten Sie es haben – so? Dann sagen Sie zu! Es wartet überall!

Und was soll das heißen?

Warum frage ich nicht anders, warum frage ich überhaupt?! Kennt ihr den Tod, das wächserne Bild eines Menschen, die Kälte seiner Wangen und die trostlose Stille, die auf seinem Leichenbett liegt? Habt ihr darüber nachgedacht, nochmal in eurem Innersten die glänzenden Augen jenes Menschen gesehen? Er ist zu Schmutz geworden. Sein Atem ist verstummt. Draußen warten die Fliegen, das unterirdische Gewürm, um sich an ihm in den Tod zu beißen. Kennt ihr diese Nachbarschaft von Leben und Tod? Es fällt Regen. In dicken Tropfen kommt das Wasser vom Himmel. Die Wolken kommen und gehen, die Sonne geht und kommt, bald ist die Erinnerung tot. Für uns gestorben, für die Lebenden.

Und Schreiben?

Schreiben?! – Eine Unruhe. Manchmal ist sie stark, macht ungeduldig, hastig, unüberlegt. Eine Unruhe, die das Tier treibt, stark zu werden, zu lernen. Unsinnig viel will ich tun, nicht zurückstehen, nicht weniger leisten als die anderen – mehr, und viel mehr. Wäre da nur nicht diese entsetzliche Leere, die jeden Versuch zurücktreibt in das „egal". Wozu sind die Menschen so, warum haben sie keine Seele, keine wahre Liebe, kein echtes Leben, das lohnt, gelebt zu werden? Warum steckt hinter uns die Kausalität, die notwendige Folge all unseres Handelns und Denkens? Warum sind wir nicht reicher als die anderen Lebewesen, die nur einfacher sind, ohne Lüge, ohne Verstand, ohne die 25. Möglichkeit. Es ist heute so, dass ich die Welt vertausche, wie ich kann, dass ich auswechsele, was mir beliebt. Aber das ist alles so sinnlos, konstruiert, dass man darüber das Leben vergisst. Schuld ist die Vergangenheit, unsere Erziehung, die einen Gott lehrte und eine Seele. Wie verhalte ich mich, wenn ich das alles leugne, wenn ich glaube, dass dieser berühmte, Gedanken gestaltende Sinn ins Sinnlose oder zum Sinnlosen führt? Ich bin traurig. Darf ich das sein, soll ich zum Opfer von gutgläubigen Menschen vor mir werden, zu meinem eigenen Opfer? Immer wieder frage ich das, und immer wieder sage ich: nein! Wann hört endlich diese Auseinandersetzung, diese zermürbende Quälerei auf? Ich möchte dem allen entfliehen.

Wohin?

In das Märchen, in die ungeheure Möglichkeit der Kombinationen? Ich will nicht als Resultat meines Glaubens zum Tier, zum menschlichen Tier werden. Eine Welt steht offen, in die ich hineinsteigen kann, von Stufe zu Stufe, höher und höher. Wunderbare Dinge, die es in der Natur nicht gibt, möchte ich in meine Welt hineinstellen, Neues, was die Aufmerksamkeit von dem Gesetzmäßigen der Welt, unseres Seins, ablenkt. Aber wie kann ich das verantworten? Es sind so viele Ideen da, und nur eine kann gedacht und geschrieben werden.

So versperrt der Mensch sich selbst, schließt mit der Seele die Seele, mit dem Glück das Glück, mit dem Leben das Leben!

Manchmal habe ich keine Lust mehr, möchte nie geboren sein – oder nur Kind sein. Denn für dieses ist die Welt ein Erlebnis. Überall entfaltet sie sich zu wunderbaren, reizvollen Dingen, die bestaunt werden.

Das Kind fragt nicht nach Sinn, es gibt nur Gestalten und Formen, die immer wechseln! Jedes einzelne hat sein Wesen und ist Mittelpunkt in seiner eigenen Welt!

Als Kind geboren oder zum Kind geboren dürfte das schönste Glück, die ungetrübte Freude für einen Menschen sein.

Eine Idee!

So absurd – oder, der Realismus ins Absurde geführt! Soll man es verwerfen? Was bleibt dann? Das Essen, Trinken und das Andere? Und die philosophische Erhöhung des Menschen?

Das genügt alles nicht, weil die Anlage zu groß ist für diese Nüchternheit!

Wieder eine Fehlentwicklung des Menschen? Bringt ihn sein Verstand ums Leben? Wird er die Sprachen verwirren, den Menschen in die intellektuelle Schizophrenie führen? Man möchte es glauben. Oder werden die Menschen ihre Fantasie zu zügeln wissen, wenn sie den gefährlichen, entwertenden Punkt überschreiten? Denn das Wesentliche muss wesentlich bleiben, auch wenn es nur unwesentlich ist.

Die Schizophrenie, möchte ich glauben, ist nicht das Ende der Welt, denn immer werden sich die Menschen ihres Seins und seiner Bedeutung erinnern, weil es so stark ist, und mit jedem Gefühl erneut in seine Wirklichkeit zurückkehren!

Einst sah ich mich selbst in einem Spiegel, der blank war und voller Leben. Ich fragte mich, ob das mein Bild sei – und fragte es eigentlich ohne Lust, denn der Spiegel war nur ein Spiegel mit einer blanken Fläche, die silbrig glänzte, obwohl er in einem Raum ohne Licht war. Im Spiegel sah ich mein Bild und sah es nicht. Ich sagte zu ihm, es solle gehen, das Bild im Spiegel, aber ich sagte es nur zu mir selbst.

Deutung

> ➢ Tagebucheintrag während einer Nacht-
> wache geschrieben und wohl überwie-
> gend inspiriert.

Eine Minute vielleicht, oder zwei.

> ➢ Gemeint ist sicherlich die Zeitspanne
> zwischen meinem Mich-hinsetzen zum
> Tagebucheintrag und dem Beginn der
> Inspiration bzw. des automatischen
> Schreibens.

Was darin geschieht? – Ach, nichts. Sie sind konkret!

> ➢ Im Wörterbuch der deutschen Sprache
> von Bertelsmann (Wö. d. dt. Spr. v. Be.)
> hat „konkret" an erster Stelle die Be-
> deutung von „sinnlich wahrnehmbar,
> wirklich, gegenständlich" und an zwei-
> ter Stelle von „genau, anschaulich, gut
> vorstellbar".

Ich beleuchte ihr Ende, das Ende der Minuten.

> ➢ Im Wö. d. dt. Spr. v. Be. hat „beleuch-
> ten" an dritter Stelle (im übertragenen
> Sinn) die Bedeutung von „gedanklich
> untersuchen, prüfend betrachten und

etwas darüber sagen". — Im gleichen Wörterbuch hat „Ende" an siebenter Ste'le (veraltet) die Bedeutung von „Zweck", zum Beispiel: „zu welchem Ende?"

Werde ich sie beleuchten? Das Licht und die Minuten:

➢ Im Wö. d. dt. Spr. v. Be. hat „Licht" an erster Stelle die Bedeutung von „etwas, das Helligkeit verbreitet" und an fünfter Stelle von „geistige Fähigkeiten, Wissen". — „Licht in etwas bringen" bedeutet nach dem gleichen Wörterbuch „eine Sache aufklären". — „Licht ist Symbol für Bewusstsein, Verstand, Erkenntnisvermögen, geistige und gefühlsmäßige Klarheit, Ausgeglichenheit und Lebenskraft, Hoffnung und Freude am Leben. Das Licht beseitigt Unwissenheit und Zweifel. — Was im Licht liegt, kann man erkennen und begreifen. Man braucht es nicht zu fürchten. In diesem Sinne verkörpert das Licht als Traumsymbol den schöpferischen Geist, der Unwissenheit und Zweifel überwindet ... (Günter Harnisch)

ich möchte sie tanzen sehen, zärtlich, eng,

> ➢ „Der Tanz ist eine sehr alte Körpersprache des Menschen. Bei den Naturvölkern wurden und werden noch heute alle wichtigen Lebenssituationen im rituellen Tanz modellhaft durchgespielt: die Einweihung der jungen Mädchen und Männer in den Zustand des Erwachsenseins beispielsweise. Eine vergleichbare Bedeutung hat der Tanz als Traumgeschehen ...“ (Günter Harnisch)

ohne Gedanken,

> ➢ ohne eigene Gedanken

mit Gedanken, mit einem, der formlos ist, tiefes Gefühl, allmählich sich verlierend und doch gegenwärtig, gegenwärtig in den Minuten, die ich beleuchte heute am Abend. – Was ist mit mir?

> ➢ Was geschieht mit mir?

Ich wechsele meine Haut,

> ➢ „Wie die Haut in der Wirklichkeit als Spiegel der Seele gilt, so deutet sie auch in der Traumsprache auf den nervlichen und seelischen Zustand des Träumen-

den hin ..." (Günter Harnisch). — Im Wö. d. dt. Spr. v. Be. hat „Haut" an vierter Stelle (im übertragenen Sinn) die Bedeutung von „Person".

mache sie grün,

➤ „Grün ist im Traum wie in der Wirklichkeit die Farbe des frischen, neuen naturhaften Lebens. Es zeigt ein Werden an, noch keine Reife. Grün kann also auch die Bedeutung von unreif haben." (Günter Harnisch)

weiß,

➤ „In unserem Kulturkreis gilt Weiß als Farbe der Reinheit und Unschuld ..." (Günter Harnisch)

mache sie ohne Farbe

➤ Etwas „ohne Farbe" ist farblos. Im Wö. d. dt. Spr. v. Be. hat „farblos" an zweiter Stelle (im übertragenen Sinn) die Bedeutung von „blass, fad, unlebendig" und an dritter Stelle von „ohne Eigenart, ohne Profil".

und sehe sie weißen. —

➤ und sehe sie weiß werden (nämlich alterungsbedingt)

Die Minuten vergehen konkret. Wer kennt ihre Form? Man sollte es doch wissen.

Ganz einfach: Minuten!

Minuten, nein, die Sekunden verstreichen, und nur angefangen bleibt der Versuch.

> Nämlich der Versuch, sie zu beleuchten.

So sagen Sie es doch! Geben Sie,

> Geben Sie Antwort

teilen Sie es mit, damit es menschlich wird!

> Im Wö. d. dt. Spr. v. Be. hat „mensch-lich" an erster Stelle die Bedeutung von „den Menschen, die Menschen betref-fend, zum Menschen, zu den Menschen gehörig".

Wen rede ich an? Ich suche es mir vorzustellen: Einen großen Geist? – Mit zwei Armen, zwei Bei-nen? – Wie wir? – Mit einem Bauch, einem Kopf, mit Gesicht?

Geh doch!

Was soll das sein?

> Nämlich das „Geh doch!" – Synonyme für „gehen" sind nach dem Duden un-ter anderem „sich abmelden, abtreten,

aufhören". – „Geh mir doch mit deinen Ermahnungen!" bedeutet nach dem Wö. d. dt. Spr. v. Be. „lass mich doch in Ruhe mit deinen Ermahnungen!".

Bin ich so arm? –

> Synonyme für „arm" sind nach dem Duden unter anderem „minderwertig, primitiv, simpel".

Bald ist es Abend. Meine Minuten haben den Tag vollgemacht. Ich schlief den Morgen,

> ... Ich schlief den Morgen über

draußen regnete es. Dann ging ich essen.

Ein Weg war da!

Hinterher wurde es trocken.

Blumen – überall neues Leben!

Ich stand und fand es schön, das grüne Grün, die schwüle Sonne.

Den ewigen Garten!

Man konnte ihn riechen. Einem kleinen Jungen zeigte ich die Vögel. Es waren große schwarze Vögel mit einem gelben Schnabel. Sie saßen neben uns, als ob sie keine Angst hätten. Sollten sie auch Angst haben? Ich wollte es nicht, und sie blieben auch sitzen, guckten, suchten auf der nasswarmen Wiese die letzten Würmer für die Nacht, das letzte Wasser, die letzten Salze. Wie einfach, da saßen Vögel und pickten und lebten. Ich schämte mich, wollte weinen, wollte ganz traurig sein. Beinah.

Sie leben!

Ja. Dann ist die Nacht vorbei, eine Nacht des Wartens.

> ➢ *Nämlich auf der ,,Unruhe", einer ,,geschlossenen Abteilung" der Nervenklinik.*

Sie schliefen, sie schlugen sich nicht, sie waren still, so still wie die Zeit, ihre Augen so wie die Augen der anderen, ihr Atem so wie unser Atem. Ich frage mich, was es einbringt. Warum die weißen Wände, die Betten und der Tisch, an dem wir wachten? Warum gibt es so viel Elend, unverdientes Elend, klaffendes Fleisch und seelenlose Augen? – Eine Nacht ist vorbei, eine Nacht wird kommen und dann wieder eine, mit Dunkelheit und keimender Dämmerung und Kälte.

Die Vögel besingen den Morgen, es ist so schön draußen: Der kommende Tag, das Licht, die Blumen, das Gras!

Die Müdigkeit macht die Welt arm, macht sie zum Bettler, zu einem ...

Traum!

Träumen – träumen wir?

> ➢ Im Wö. d. dt. Spr. v. Be. hat „träumen" an zweiter Stelle die Bedeutung von „in Gedanken versunken sein, an fern liegende Dinge denken".

Was träumen wir? Heute? – dann? – oder gestern? Sehen Sie, die Menschen träumen von unmöglichen Dingen, träumen von Märchen, Liebe, Ehrlichkeit – träumen von einem Paradies des Glückes!

Jetzt, jetzt musst du schreiben. Warum zögerst du? Ist dir schlecht? Du schwitzt, du hast Schmerzen, du hast wenig Schlaf gehabt. Der Tag war nicht so, wie du es haben wolltest. Du hattest keine Lust, du flohst vor den Gedanken, hattest Angst zu schreiben, stundenlang zu schreiben. Du fragtest, wofür!

Du sahst die Eintragung im Tagebuch: „Blitzdepesche: Suche Sinn"?

> ➢ Nämlich in meinem Tagebucheintrag vom 15. Februar

Wie lächerlich!

Ja, urkomisch! Doch, was fühltest du hinterher? Quält dich dieser Gedanke nicht noch heute? Ist er nicht noch da?

Vielleicht, oder, ja, Vielleicht auch nicht.

Du hast seit jener furchtbaren Zeit der Leere gewonnen, du hast den Weg zu den Menschen zurückgefunden! Ist das nichts?

Oh, nichts! Was für ein Wort – und Mensch! Kein Rückweg! Eine Notlösung, eine Aufgabe!

➢ Infolge meiner damaligen Wissenschaftsgläubigkeit erkannte ich keinen Sinn mehr in meinem Leben, sah aber gleichzeitig das Leid meiner Mitmenschen. Um letzteren helfen zu können und damit eine für die Allgemeinheit nützlich Aufgabe zu haben, wählte ich den Arztberuf.

Wir brauchen uns, jeder jeden, weil wir so arm sind – ganz arm geworden!

➢ Nämlich durch den Materialismus

Ich fühle die Straße unter meinen Füßen. Wasser gibt es irgendwo im Land, große Wasser – und Feuer.

Die Flammen wärmen den Menschen!

Manchmal verbrennen sie die Menschen auch. Dann gibt es großes Leid. Aber was ist das Leid? Möchten Sie es haben – so? Dann sagen Sie zu! Es wartet überall!

> ➢ „Im Wö. d. dt. Spr. v. Be. hat „zusagen" an erster Stelle die Bedeutung von „eine Einladung, Aufforderung annehmen".

Und was soll das heißen?

Warum frage ich nicht anders, warum frage ich überhaupt?! Kennt ihr den Tod, das wächserne Bild eines Menschen, die Kälte seiner Wangen und die trostlose Stille, die auf seinem Leichenbett liegt? Habt ihr darüber nachgedacht, nochmal in eurem Innersten die glänzenden Augen jenes Menschen gesehen? Er ist zu Schmutz geworden. Sein Atem ist verstummt. Draußen warten die Fliegen, das unterirdische Gewürm, um sich an ihm in den Tod zu beißen. Kennt ihr diese Nachbarschaft von Leben und Tod? Es fällt Regen. In dicken Tropfen kommt das Wasser vom Himmel. Die Wolken kommen und gehen, die Sonne geht und kommt, bald ist die Erinnerung tot. Für uns gestorben, für die Lebenden.

➢ Nämlich die Erinnerung an den Verstorbenen.

Und Schreiben?

Schreiben?! – Eine Unruhe. Manchmal ist sie
stark, macht ungeduldig, hastig, unüberlegt. Eine
Unruhe, die das Tier treibt, stark zu werden, zu
lernen. Unsinnig viel will ich tun, nicht zurückstehen, nicht weniger leisten als die anderen –
mehr, und viel mehr. Wäre da nur nicht diese
entsetzliche Leere, die jeden Versuch zurücktreibt in das „egal". Wozu sind die Menschen so,
warum haben sie keine Seele, keine wahre Liebe,
kein echtes Leben, das lohnt, gelebt zu werden?
Warum steckt hinter uns die Kausalität, die notwendige Folge all unseres Handelns und Denkens? Warum sind wir nicht reicher als die anderen Lebewesen, die nur einfacher sind, ohne Lüge, ohne Verstand, ohne die 25. Möglichkeit. Es
ist heute so, dass ich die Welt vertausche, wie ich
kann, dass ich auswechsele, was mir beliebt.
Aber das ist alles so sinnlos, konstruiert, dass
man darüber das Leben vergisst. Schuld ist die
Vergangenheit, unsere Erziehung, die einen Gott
lehrte und eine Seele. Wie verhalte ich mich,
wenn ich das alles leugne, wenn ich glaube, dass
dieser berühmte, Gedanken gestaltende Sinn ins
Sinnlose oder zum Sinnlosen führt? Ich bin trau-

rig. Darf ich das sein, soll ich zum Opfer von gutgläubigen Menschen vor mir werden, zu meinem
eigenen Opfer? Immer wieder frage ich das, und
immer wieder sage ich: nein! Wann hört endlich
diese Auseinandersetzung, diese zermürbende
Quälerei auf? Ich möchte dem allen entfliehen.

Wohin?

In das Märchen, in die ungeheure Möglichkeit
der Kombinationen? Ich will nicht als Resultat
meines Glaubens

> *Nämlich als Resultat meiner Wissen-*
> *schaftsgläubigkeit*

zum Tier, zum menschlichen Tier werden. Eine
Welt steht offen, in die ich hineinsteigen kann,
von Stufe zu Stufe, höher und höher. Wunderbare Dinge, die es in der Natur nicht gibt, möchte
ich in meine Welt hineinstellen, Neues, was die
Aufmerksamkeit von dem Gesetzmäßigen der
Welt, unseres Seins, ablenkt. Aber wie kann ich
das verantworten? Es sind so viele Ideen da, und
nur eine kann gedacht und geschrieben werden.

**So versperrt der Mensch sich selbst, schließt mit
der Seele die Seele, mit dem Glück das Glück,
mit dem Leben das Leben!**

Manchmal habe ich keine Lust mehr, möchte nie geboren sein – oder nur Kind sein. Denn für dieses ist die Welt ein Erlebnis. Überall entfaltet sie sich zu wunderbaren, reizvollen Dingen, die bestaunt werden.

Das Kind fragt nicht nach Sinn, es gibt nur Gestalten und Formen, die immer wechseln! Jedes einzelne hat sein Wesen und ist Mittelpunkt in seiner eigenen Welt!

Als Kind geboren oder zum Kind geboren dürfte das schönste Glück, die ungetrübte Freude für einen Menschen sein.

Eine Idee!

So absurd – oder, der Realismus ins Absurde geführt! Soll man es verwerfen? Was bleibt dann? Das Essen, Trinken und das Andere? Und die philosophische Erhöhung des Menschen?

Das genügt alles nicht, weil die Anlage zu groß ist für diese Nüchternheit!

Wieder eine Fehlentwicklung des Menschen? Bringt ihn sein Verstand ums Leben? Wird er die Sprachen verwirren, den Menschen in die intellektuelle Schizophrenie führen? Man möchte es glauben. Oder werden die Menschen ihre Fantasie zu zügeln wissen, wenn sie den gefährlichen, entwertenden Punkt überschreiten? Denn das Wesentliche muss wesentlich bleiben, auch wenn es nur unwesentlich ist.

Die Schizophrenie, möchte ich glauben, ist nicht das Ende der Welt, denn immer werden sich die Menschen ihres Seins und seiner Bedeutung erinnern, weil es so stark ist, und mit jedem Gefühl erneut in seine Wirklichkeit zurückkehren!

Einst sah ich mich selbst in einem Spiegel, der blank war und voller Leben.

> ➤ „In den Märchen hat der Spiegel magische Bedeutung. Er zeigt Verborgenes und künftiges Geschehen. Im Traum hat er die Bedeutung eines Seelenspiegels. Er weist den Träumenden auf seine unbewussten Schattenseiten hin, die für ihn unter Umständen erschreckend sein können. Spiegelträume sollten sorgfältig in allen Einzelheiten analysiert werden." (Günter Harnisch)

Ich fragte mich, ob das mein Bild sei – und fragte es eigentlich ohne Lust, denn der Spiegel war nur ein Spiegel mit einer blanken Fläche, die silbrig glänzte,

> *In meinen inspirierten Tagebuchtexten symbolisiert die „Fläche" meist einen Lebensbereich bzw. unser irdisches Betätigungsfeld. — „Das Silber galt im Altertum als Botschaft der Mondgottheit. Seine Farbe gleicht der des Mondlichts. Als Mondmetall hat das Silber im Traum weiblichen Symbolcharakter. Silberne Münzen zeigen positive weibliche Werte an." (Günter Harnisch)*

obwohl er in einem Raum ohne Licht war.

> *Zu „Zimmer" schreibt Georg Fink unter anderem: „Das Innerste des Hauses, übersetzt: des eigenen Ich ..." — „Licht ist Symbol für Bewusstsein, Verstand, Erkenntnisvermögen, geistige und gefühlsmäßige Klarheit, Ausgeglichenheit und Lebenskraft, Hoffnung und Freude am Leben. Das Licht beseitigt Unwissenheit und Zweifel. Was im Licht liegt, kann man erkennen und begreifen. Man braucht es nicht zu fürchten. In diesem*

Sinne verkörpert das Licht als Traumsymbol den schöpferischen Geist, der Unwissenheit und Zweifel überwindet ..." (Günter Harnisch)

Im Spiegel sah ich mein Bild und sah es nicht.

> ➤ „Etwas sehen" hat nach dem Wö. d. dt. Spr. v. Be. unter anderem die Bedeutung von „ansehen, betrachten" und von „erkennen, durchschauen".

Ich sagte zu ihm, es solle gehen, das Bild im Spiegel, aber ich sagte es nur zu mir selbst.

Letzte Stunden der Wache, bin saumüde, vergesse mich und die anderen. Ein Mensch wäre schön, der nicht zu schlafen brauchte und mit unerschöpflicher Kraft die Welt in sich aufsaugend diese schöpferisch umgestalten könnte, ohne dass er den Boden der Naivität verliert.

Den Boden der Naivität verliert!

Strecken, so, so ist gut, eins höher, dann wenden, beugen, den Kopf nach unten, tiefer, noch tiefer, so ist schön, die Stellung behalten, Luft holen, ausatmen, anziehen.

Dann gehen, jeder für sich, nicht denken, nein, es wird Frühjahr, aber noch ist Nacht. Was sagen Sie? Hunger? Wer kann heute Hunger haben, eins, zwei, drei – wir haben keinen Hunger. Vergewaltigung. Ostern, Pfingsten, Weihnachten. Für jeden etwas. Gefühle? Sau! Lass dich schlachten, ehe du krepierst.

Wer wusste schon, dass die Welt zwei Hände hat, alles prospektive Bedeutung. Wie? Was? Wer ist tot? Ringelein, Ringelein, Rose, Butter in der Dose, Schmalz in dem Kasten, morgen müssen wir hasten. So, na ja. Lampenschirme aus Menschenhaut, und dazu br. Küsse. Ei, Ei. Zum Nachtisch Nacht aus blauen lauen Wolken. Drum, drum, bum, ahoi. Eine Deern von der Waterkant. Wie das Meer rauscht, die Wellen schlagen Schmalz in den Kasten, fasten, fasten. Ein Fest zu Allerheiligen, Dreikönige, Golgatha, ein Kreuz aus Holz, das ist schwer. Aber, verdammt, der Gleichmut, der echte ist Mord. Dankbare Küsse zum Nachtisch. Der Wolf heult. Sterne stehen am Himmel wie Lampions im Meer. Die Strecke ist zerfahren. Menschen über Menschen, Leidenschaften im Ausverkauf. Paris. Flohmarkt, Metro, Straßen, Melodie. Eine Melodie zieht um die Welt. Warum eigentlich?

Ja ….. Ja, richtig, darum. So soll es auch sein. Die Straßen sind voll Dreck, ein Eimer, zwei Besen – die Assoziation. Kauft Leute Assoziationen. Und Projektionen, wenn ich bitten darf. Demokratien sind noch nicht reif, noch grün sozusagen. Nur Kinder haben es da bedeutend besser. Die scheißen gleich darauf und bekommen neue Wäsche.

Ach, wie ist die Welt so schlecht, so schön, so warm, vor allen Dingen den Homos, die nämlich erregen öffentliches Ärgernis und können nix dafür. Schützt die Homosexualität, sage ich euch, wer weiß, was kommt, vielleicht die Russen, die euch die Frauen totmachen, die Frauen, und dann habt ihr nichts mehr, also in diesem Sinne Radieschen und dicke Bohnen, Erbsen und Feldgemüse und ihr Einfluss auf die europäische Kultur. Denken an der Schnur mit Unterbrechungen. Osterausflüge tagein tagaus. Wie Bestien, die ihre Zeit vergessen. Lichtpunkte der Menschheit, wie Kerzen am Baum. Im ersten Gang, im zweiten, im dritten fährt Großmutter mit Großvater am Abend ins Grüne. Dann allerdings schalten sie zurück. Müssen es schon, schön langsam bitte, damit nichts durcheinander kommt. Kultur nennen sie das, und ich rieche Mist, Dung vom Esel, viel Eseldung zur Heuernte.

Aufgliederung des Textes

Letzte Stunden der Wache, bin saumüde, vergesse mich und die anderen. Ein Mensch wäre schön, der nicht zu schlafen brauchte und mit unerschöpflicher Kraft die Welt in sich aufsaugend diese schöpferisch umgestalten könnte, ohne dass er den Boden der Naivität verliert.

Den Boden der Naivität verliert!

Strecken – so – so ist gut – eins höher, dann wenden, beugen, den Kopf nach unten, tiefer, noch tiefer – so ist schön – die Stellung behalten, Luft holen, ausatmen! Anziehen, dann gehen, jeder für sich – nicht denken ...

Nein!

... es wird Frühjahr.

Aber noch ist Nacht!

... Was sagen Sie? – Hunger? Wer kann heute Hunger haben?! Eins, zwei, drei – wir haben keinen Hunger. Vergewaltigung, Ostern, Pfingsten, Weihnachten – für jeden etwas. Gefühle? – Sau, lass dich schlachten, ehe du krepierst! Wer wusste schon, dass die Welt zwei Hände hat?

Alles hat prospektive Bedeutung!

Wie? Was? Wer ist tot?

Ringelein, Ringelein, Rose,
Butter in der Dose,
Schmalz in dem Kasten,
morgen müssen wir hasten.

So!

Na ja!

Lampenschirme aus Menschenhaut, und dazu br. Küsse. Ei, ei. Zum Nachtisch Nacht aus blauen, lauen Wolken. Drum ...

Drum?

Bum, ahoi! Eine Deern von der Waterkant! — Wie das Meer rauscht, die Wellen schlagen:

*„Schmalz in den Kasten,
fasten, fasten!"*

Ein Fest zu Allerheiligen, Dreikönige. Golgatha, ein Kreuz aus Holz, das ist schwer. Aber, verdammt, der Gleichmut, der echte, ist Mord. Dankbare Küsse zum Nachtisch: der Wolf heult!

Sterne stehen am Himmel!

Wie Lampions im Meer. Die Strecke ist zerfahren. Menschen über Menschen, Leidenschaften im Ausverkauf: Paris. Flohmarkt, Metro, Straßen...

Melodie!

Eine Melodie zieht um die Welt. Warum eigentlich?

Ja!

Ja, richtig — darum! So soll es auch sein. Die Straßen sind voll Dreck. Ein Eimer, zwei Besen — die Assoziation. Kauft, Leute, Assoziationen! Und Projektionen, wenn ich bitten darf. Demokratien sind noch nicht reif, noch grün sozusagen. Nur Kinder haben es da bedeutend besser. Die scheißen gleich darauf und bekommen neue Wäsche. Ach, wie ist die Welt so schlecht ...

So schön!

... so warm, vor allen Dingen den Homos. Die nämlich erregen öffentliches Ärgernis und können nix dafür. Schützt die Homosexualität, sage ich euch, wer weiß, was kommt, vielleicht die Russen, die euch die Frauen totmachen...

Die Frauen?!

... und dann habt ihr nichts mehr. Also, in diesem Sinne, Radieschen und dicke Bohnen, Erbsen und Feldgemüse und ihr Einfluss auf die europäische Kultur. Denken an der Schnur mit Unterbrechungen. Osterausflüge tagein tagaus. Wie Bestien, die ihre Zeit vergessen.

Lichtpunkte der Menschheit!

Wie Kerzen am Baum. Im ersten Gang, im zweiten, im dritten fährt Großmutter mit Großvater am Abend ins Grüne. Dann allerdings schalten sie zurück – müssen es schon. Schön langsam bitte, damit nichts durcheinander kommt! Kultur nennen sie das, und ich rieche Mist, Dung vom Esel, viel Eseldung zur Heuernte.

Deutung

> Tagebucheintrag, abgesehen vom An-
> fang, wohl überwiegend inspiriert.

Letzte Stunden der Wache, bin saumüde, vergesse mich und die anderen. Ein Mensch wäre
schön, der nicht zu schlafen brauchte und mit
unerschöpflicher Kraft die Welt in sich aufsaugend diese schöpferisch umgestalten könnte,
ohne dass er den Boden der Naivität verliert.

Den Boden der Naivität verliert!

> Nach dem Schriftbild zu urteilen, er-
> folgte der Tagebucheintrag ab hier zu
> einer späteren Zeit am Tag.

Strecken – so – so ist gut – eins höher, dann
wenden, beugen, den Kopf nach unten, tiefer,
noch tiefer – so ist schön – die Stellung behalten,
Luft holen, ausatmen!

> Demonstration einer Morgengymnastik,
> wohl mit einem Bezug zum vorange-
> gangenen Hinweis. – Im Wörterbuch
> der deutschen Sprache von Bertels-
> mann (Wö. d. dt. Spr. v. Be.) hat
> „Kopf" an neunter Stelle (im übertra-
> genen Sinn) die Bedeutung von „Den-

ken, Denkkraft, Aufmerksamkeit, Gedächtnis". – „… Von jeher ist nun die
Luft als das Medium des Geistes empfunden worden …" (Ernst Aeppli)

Anziehen, dann gehen, jeder für sich – nicht denken …

Nein!

… es wird Frühjahr.

> Im Wö. d. dt. Spr. v. Be. wird „Früh-
> jahr" definiert als „Abschnitt des Jahres
> vom 21. März bis 21. Juni (im Unter-
> schied zu ,Frühling' im Sinne des jah-
> reszeitlichen Ablaufs gebraucht)". – Zu
> Frühling schreibt Günter Harnisch:
> „Dieses Traumbild ist mit dem Symbol
> Jugend in der Bedeutung verwandt. Es
> symbolisiert neue psychische und kör-
> perliche Kraft."

Aber noch ist Nacht!

> Tagebucheintrag wohl während einer
> Nachtwache. – „Die Nacht stellt im
> Traum den gesamten Bereich des Un-

bewussten dar, der im Dunkeln liegt."
(Günter Harnisch)

Was sagen Sie? – Hunger?

> Nämlich, im Textzusammenhang, Hunger in der Nacht. – Im Wö. d. dt. Spr. v. Be. hat „Hunger" an erster Stelle die Bedeutung von „Bedürfnis nach Nahrung" und an zweiter Stelle von „heftiges Verlangen", zum Beispiel „Hunger nach Abwechslung, nach Liebe".

Wer kann heute Hunger haben?! Eins, zwei, drei – wir haben keinen Hunger.

> Nämlich in der Zeit des Fast Food

Vergewaltigung Ostern, Pfingsten, Weihnachten –

> Nämlich die Vergewaltigung des Magens

für jeden etwas. Gefühle? –

> Gefühle hätten Sie auch?

Sau, lass dich schlachten, ehe du krepierst!

> Als Beispiel für das Mitgefühl mit einem kranken Schwein

Wer wusste schon, dass die Welt zwei Hände hat?

> „Die Hand ist das körperliche Instru-
> ment des menschlichen Handelns. Dem-
> entsprechend sind alle Träume zu deu-
> ten, in denen die Hand eine Rolle spielt
> ..." (Günter Harnisch)

Alles hat prospektive Bedeutung!

> „hat" wurde eingefügt. – Im Wö. d. dt.
> Spr. v. Be. wird „prospektiv" definiert
> als „der Aussicht, Möglichkeit nach, vo-
> rausschauend".

Wie? Was? Wer ist tot?

> Wohl zu verstehen als Ausdruck meines
> Unverständnisses für den vorangegan-
> genen Kommentar.

Ringelein, Ringelein, Rose,

> Mit „Ringelein, Ringelein" sind wohl die
> Eheringe bei der Hochzeit gemeint. Zu
> „Rose" schreibt Günter Harnisch: „Die-
> ses Traumbild gilt als Symbol für Ver-
> ehrung, Zuneigung und Liebe. Das gilt
> vor allem, wenn die Farbe der Rosen
> rot ist. Manchmal drückt dieses Bild

auch den Wunsch aus, intensive Gefühle in einer Partnerschaft zu erleben ..."

Butter in der Dose,

> „Als Traumsymbol weist Butter meist auf die weibliche Sexualität hin. Die genauere Bedeutung ergibt sich meist aus dem Traumzusammenhang." (Günter Harnisch). – „In der Traumsprache symbolisieren Gefäße aller Art meist den Leib der Frau und die weibliche Sexualität. Das gilt nicht nur für Gefäße mit runden Formen, sondern ebenso für Dosen, Kästen, Koffer, Körbe, Schachteln und Taschen ..." (Günter Harnisch)

Schmalz in dem Kasten,

> Im Wö. d. dt. Spr. v. Be. hat „Schmalz" an zweiter Stelle (umgangssprachlich) die Bedeutung von „übertriebene Betonung des Gefühls (in einem Lied, Schauspiel, in der Darstellung)", zum Beispiel „Schmalz in der Stimme, er singt mit viel Schmalz". – „Kasten" ergänze ich im Textzusammenhang zu „Brustkasten".

morgen müssen wir hasten.

> Nach dem Wö. d. dt. Spr. v. Be. hat „hasten" die Bedeutung von „hastig, überstürzt laufen", zum Beispiel: „ich musste hasten, um pünktlich zu kommen".

So!

Na ja!

Lampenschirme aus Menschenhaut,

> Gemeint sind wohl die im KZ Buchenwald hergestellten Lampenschirme aus Menschenhaut.

und dazu br. Küsse.

> „Der Kuss symbolisiert eine innige Annäherung ..." (Günter Harnisch). — „br." halte ich im Textzusammenhang für eine Abkürzung von „braun". Ein Synonyme für „braun" ist nach dem Duden unter anderem „nationalsozialistisch".

Ei, ei.

> Nach dem Duden (Die deutsche Rechtschreibung) bedeutet „ei!; ei, ei!; ei ma-

chen" in der Kindersprache „streicheln, liebkosen".

Zum Nachtisch Nacht aus blauen, lauen Wolken.

➤ Im Textzusammenhang ist damit wohl ein Nachtleben im Dunst von qualmenden Zigaretten gemeint. Zu Wolken schreibt Günter Harnisch unter anderem: „Dieses Traumbild gibt Hinweis auf die gegenwärtige Stimmungslage des Träumenden ..." – Synonyme für „blau" sind nach dem Duden unter anderem „alkoholisiert, betrunken, bezecht". – Im Wö. d. dt. Spr. v. Be. hat „lau" an erster Stelle die Bedeutung von „angenehm mild, etwas warm", zum Beispiel eine „laue Luft".

Drum ...

Drum?

Bum ahoi!

➤ Im Wö. d. dt. Spr. v. Be. hat „bumsen" an vierter Stelle (derb) die Bedeutung von „koitieren". – „**Ahoi** [aˈhɔi] [...] ist ein <u>Signalwort</u>, um ein <u>Schiff</u> oder Boot anzurufen, und entstammt der deutschen <u>Seemannssprache</u>. Der Ruf galt als veraltet, ist aber mit zunehmender Beliebtheit des Segelsports wieder gebräuchlicher geworden. In Nebenbedeutungen dient *ahoi* als Gruß, Warnung oder Abschiedsformel. Im deutschen Brauchtum wird *ahoi* als regionaler Karnevals- beziehungsweise Fastnachtsgruß verwendet." (Wikipedia)

Eine Deern von der Waterkant! – Wie das Meer rauscht, die Wellen schlagen:

➢ „Das Meer ist ein archetypisches Symbol für den Ursprung des Lebendigen überhaupt, nicht des persönlichen Lebens eines Individuums. In seiner unabsehbaren Tiefe und Weite stellt es im Traum das Kollektive Unbewusste dar ..." (Günter Harnisch)

„Schmalz in den Kasten,
fasten, fasten!"

➢ Im Wö. d. dt. Spr. v. Be. hat „Kasten" an zweiter Stelle (süddeutsch-österreichisch) die Bedeutung von

„Schrank". – Zu Fasten beziehungsweise Enthaltsamkeit schreibt Günter Harnisch unter anderem: „Als Traumbild weist sie auf Selbstbeherrschung, Verzicht, Unterdrückung von Bedürfnissen und körperlichen Begierden hin ..."

Ein Fest zu Allerheiligen, Dreikönige. Golgatha, ein Kreuz aus Holz, das ist schwer. Aber, verdammt, der Gleichmut, der echte, ist Mord.

> ➢ Im Wö. d. dt. Spr. v. Be. wird „Gleichmut" definiert als „gleich bleibende, ruhige Gemütsstimmung, Unerschütterlichkeit, Ruhe, Gelassenheit".

Dankbare Küsse zum Nachtisch: der Wolf heult!

> ➢ Zu verstehen im Sinne von: Bedankt man sich bei seiner Partnerin nach dem Essen mit einem Kuss, schon meldet sich das sexuelle Verlangen. – Zu Wolf schreibt Günter Harnisch: „In der Traumsprache verkörpert dieses Tier Triebhaftigkeit und rücksichtslose Aggressivität."

Sterne stehen am Himmel!

> „A's Traumbild sind Sterne meist Symbole des Lichts, der Hoffnung, des Glaubens und der Zuversicht. Oft deuten sie auch auf Selbstbesinnung hin." (Günter Harnisch)

Wie Lampions im Meer.
> Im Wö. d. dt. Spr. v. Be. wird „Lampion" definiert als „Laterne aus buntem Papier".

Die Strecke ist zerfahren.
> Wohl die Strecke zwischen Himmel und Meer. — Im Wö. d. dt. Spr. v. Be. hat „Strecke" an erster Stelle die Bedeutung von „bestimmter oder unbestimmter Teil eines Weges". — „Straßen oder Wege erscheinen im Traum als Symbole des Lebenswegs ..." (Günter Harnisch). — Ebenfalls im Wö. d. dt. Spr. v. Be. hat „zerfahren" an erster Stelle die Bedeutung von „durch vieles Fahren oder Befahren stark beschädigt".

Menschen über Menschen,
> Nämlich im Flugverkehr

Leidenschaften im Ausverkauf: Paris, Flohmarkt, Metro, Straßen...

Melodie!

> Mit „Melodie!" ergänzt mein mir damals nicht bewusster geistiger Gesprächspartner wohl das von mir zuletzt angeführte Wort zu Straßenmelodie.

Eine Melodie zieht um die Welt.

> Gemeint ist wohl der Song „Ein Lied geht um die Welt".

Warum eigentlich?

Ja!

Ja, richtig – darum!

> Als Kind war ich unzufrieden, wenn ein „warum" von mir unzureichend oder mit einem „Darum" beantwortet wurde.

So soll es auch sein. Die Straßen sind voll Dreck. Ein Eimer, zwei Besen –

> „In der Traumsprache symbolisieren Gefäße aller Art meist den Leib der Frau und die weibliche Sexualität ..."

(Günter Harnisch) – „Psychologisch: ... Besen kann auch als Sexual- (Phallus-) Symbol verstanden werden ..." (Der Traumdeuter.ch)

die Assoziation.

> Im Wö. d. dt. Spr. v. Be. hat „Assoziation" an erster Stelle die Bedeutung von „Verknüpfung, Verbindung (von Gedanken, Vorstellungen)" und an zweiter Stelle von „(organisatorischer) Zusammenschluss, Vereinigung".

Kauft, Leute, Assoziationen! Und Projektionen, wenn ich bitten darf.

> Im Wö. d. dt. Spr. v. Be. hat „Projektion" an dritter Stelle die Bedeutung von „Übertragung (von Gefühlen, Vorstellungen) auf andere in der Weise, dass Wünsche, Erwartungen usw. dem anderen zugeschrieben werden".

Demokratien sind noch nicht reif,

> Im Wö. d. dt. Spr. v. Be. hat „Demokratie" an erster Stelle die Bedeutung von „Regierungssystem, bei dem gewählte Vertreter des Volkes die Macht ausüben, Volksherrschaft".

noch grün sozusagen.

> *„Grün ist im Traum wie in der Wirklichkeit die Farbe des frischen, neuen naturhaften Lebens. Es zeigt ein Werden an, noch keine Reife. Grün kann also auch die Bedeutung von unreif haben."*
> *(Günter Harnisch)*

Nur Kinder haben es da bedeutend besser. Die scheißen gleich darauf und bekommen neue Wäsche. Ach, wie ist die Welt so schlecht …

So schön!

… so warm,

> *Wohl infolge des Klimawandels*

vor allen Dingen den Homos. Die nämlich erregen öffentliches Ärgernis und können nix dafür. Schützt die Homosexualität, sage ich euch, wer weiß, was kommt, vielleicht die Russen, die euch die Frauen totmachen …

> *Wohl die Frauen als Soldatinnen*

Die Frauen?!

… und dann habt ihr nichts mehr. Also, in diesem Sinne, Radieschen und dicke Bohnen, Erbsen und Feldgemüse und ihr Einfluss auf die europäische Kultur.

➢ Radieschen gehören zur Gattung Rettich, und zu „Rettich" schreibt Günter Harnisch: „Dieses Traumsymbol gilt als Symbol der männlichen Sexualität." Und zu Bohne: „Im Traum gilt sie als Sinnbild männlicher Sexualität." Und weiter zu Erbsen: „Die Schote mit frischen Erbsen deutet auf weibliche Sexualität, Fruchtbarkeit und Schwangerschaft hin." — Bezüglich Gemüse heißt es schließlich bei Georg Fink unter anderem: „Einige Gemüsesorten weisen wie manche Früchte auf weibliche oder männliche Geschlechtsorgane hin. Der Anbau von Gemüsesorten, die an bestimmte Körpergegenden erinnern, lässt auf sexuelle Freuden hoffen …"

Denken an der Schnur mit Unterbrechungen.

➢ Nämlich ein überwiegend assoziatives Denken.

Osterausflüge tagein tagaus.

➢ Der 9. April 1961 war der erste Sonntag nach Ostern, also Weißer Sonntag.

Wie Bestien,

> ➤ Im Wö. d. dt. Spr. v. Be. hat „Bestie" an zweiter Stelle (im übertragenen Sinn) die Bedeutung von „roher, grausamer Mensch".

die ihre Zeit vergessen.

> ➤ Wohl die Zeit ihrer „Osterausflüge tag-ein tagaus"

Lichtpunkte der Menschheit!

Wie Kerzen am Baum.

> ➤ Wie Kerzen am Weihnachtsbaum.

Im ersten Gang, im zweiten, im dritten fährt Großmutter mit Großvater am Abend ins Grüne.

> ➤ „... Der Abend im Traum kann auch ei-nen Hinweis auf den Lebensabend ent-halten." (Günter Harnisch)

Dann allerdings schalten sie zurück – müssen es schon. Schön langsam bitte, damit nichts durch-einander kommt! Kultur nennen sie das,

> ➤ Im Wö. d. dt. Spr. v. Be. hat „Kultur" an sechster Stelle die Bedeutung von „geistige und seelische Bildung, verfei-nerte Lebensweise, Lebensart".

und ich rieche Mist, Dung vom Esel,

➢ „Die Dummheit, die dem Esel in unserer Umgangssprache angedichtet wird,
  verkörpert er im Traum nicht. Dort ist
  er häufig als Symbol für sexuelle Kraft
  und Vitalität zu verstehen – eine Bedeutung, die sich aus der griechisch-
  römischen Mythologie herleiten lässt,
  wo der Esel ein Begleiter des Dionysos
  ist, des Gottes der unsterblichen Lebenskraft." (Günter Harnisch)

viel Eseldung zur Heuernte.

➢ Das heißt, viel Eseldung für die Ernte
  von Heu. – Mit „Heu" bezeichnet man
  nach dem Wö. d. dt. Spr. v. Be. „ge-
  trocknetes Gras (als Tierfutter)". –
  „Heu (verdorrtes Gras) gilt als Symbol
  des Nichts, des Leeren, Unfruchtbaren,
  der Vanitas". (Lexikon der sprichwörtlichen Redensarten von Lutz Röhrich)

19. April 1961

Er ist tatsächlich 25 geworden und gleich am ersten Morgen nach seinem Geburtstag betrunken von einer Flasche Bier. Was wird noch aus ihm werden? Was ist in den letzten Jahren aus ihm geworden. Aus einem Gläubigen wurde ein Häufchen trauriges Mensch, das sich verzweifelt an die Vitalität, der neuerdings von jenen interpretierenden, alles interpretierenden Leuten so verschrienen Richtung, klammert. Er will leben, sein Leben ausleben in jeder Hinsicht, damit es sich in gewissem Sinne doch lohnt, damit das Leben nicht zu einer der vielen Konstruktionen wird.

Aufgliederung des Textes und Deutung

> Am Vortag hatte ich Geburtstag. Eine höhere geistige Ebene kommentiert, mir damals nicht bewusst, meine psychische Verfassung.

Er ist tatsächlich 25 geworden und gleich am ersten Morgen nach seinem Geburtstag betrunken von einer Flasche Bier. Was wird noch aus ihm werden? Was ist in den letzten Jahren aus ihm geworden? Aus einem Gläubigen wurde ein

Häufchen trauriges Mensch, das sich verzweifelt an die Vitalität, die neuerdings von jenen interpretierenden, alles interpretierenden Leuten so verschriene Richtung, klammert! Er will leben, sein Leben ausleben in jeder Hinsicht, damit es sich in gewissem Sinne doch lohne, damit das Leben nicht zu einer der vielen Konstruktionen werde.

5. Mai 1961, kurz vor 24:00 Uhr

trampelt man die letzten Minuten zu Boden, bis sie da liegen ohne Blut. Minuten, die fortziehen zum Abgrund, einmal hört alles auf, die Angst setzt ein, macht zu einem passiven Fleischklumpen, der sein Ende kommen sieht. So düster, wir leben in einer traurigen Zeit, einer Zeit des metaphysischen Abbruchs, die alles beherrscht, alles auflehnt. Unsere Kinder werden es vielleicht besser haben, wenn sie allein zum Menschen erzogen werden und nicht zu jenen blödsinnigen Vorstellungen von einer Schöpfung und einem Schöpfer.

Trampelt die Minuten zu Tode, viele starben, werden sterben, die Kirchen sind voll, das Feuer brennt uns.

Aufgliederung des Textes

trampelt man die letzten Minuten zu Boden, bis sie da liegen ohne Blut. Minuten, die fortziehen zum Abgrund. Einmal hört alles auf, die Angst setzt ein, macht zu einem passiven Fleischklumpen, der sein Ende kommen sieht.

So düster?!

Wir leben in einer traurigen Zeit, einer Zeit des metaphysischen Abbruchs, die alles beherrscht, die sich gegen alles auflehnt. Unsere Kinder werden es vielleicht besser haben, wenn sie allein zum Menschen erzogen werden und nicht zu jenen blödsinnigen Vorstellungen von einer Schöpfung und einem Schöpfer.

Trampelt die Minuten zu Tode!

Viele starben, werden sterben. Die Kirchen sind voll, das Feuer brennt uns.

Deutung

> ➤ Tagebucheintrag wohl überwiegend in-
> spiriert.

trampelt man die letzten Minuten zu Boden, bis sie da liegen ohne Blut.

> ➤ In Fortsetzung von „… kurz vor 24:00
> Uhr". – Ein Synonym für Blut ist nach
> dem Duden unter anderem „Lebens-
> saft". – „Blut symbolisiert Lebenskraft,
> Liebe und Leidenschaft …" (Günter
> Harnisch)

Minuten, die fortziehen zum Abgrund. Einmal hört alles auf, die Angst setzt ein, macht zu einem passiven Fleischklumpen, der sein Ende kommen sieht.

> Aus meiner damaligen wissenschafts-gläubigen Sicht.

So düster?!

Wir leben in einer traurigen Zeit, einer Zeit des metaphysischen Abbruchs, die alles beherrscht, sich gegen alles auflehnt.

> „sich gegen" ist eingefügt.

Unsere Kinder werden es vielleicht besser haben, wenn sie allein zum Menschen erzogen werden

> Im Wörterbuch der deutschen Sprache von Bertelsmann wird „Mensch" an erster Stelle definiert als ein „(innerhalb der Klasse der Säugetiere zur Ordnung der Primaten gehörendes) Lebewesen mit der höchsten Entwicklung des Gehirns, der Fähigkeit zur Sprache und zu logischem Denken".

und nicht zu jenen blödsinnigen Vorstellungen von einer Schöpfung und einem Schöpfer.

> So dumm dachte ich damals! Nachträglich bitte ich um Verzeihung.

Trampelt die Minuten zu Tode!

> ➢ Zurückkommend auf den Anfang des Tagebucheintrags und bezugnehmend auf meine vorstehende Äußerung, denn: „Im Anfang war das Wort und das Wort war bei Gott und das Wort war Gott. Dieses war im Anfang bei Gott. Alles ist durch das Wort geworden und ohne es wurde nichts, was geworden ist." (Johannes 1,1–3)

Viele starben, werden sterben. Die Kirchen sind voll, das Feuer brennt uns.

> ➢ Der letzte Satz ist wohl zu verstehen im Sinne von: Die Angst vor dem Höllenfeuer treibt die Menschen in die Kirche.

Nun ist die letzte Überlegung zu einer Geburt ohne Zweifel geworden oder, wie man besser bei solchen Gelegenheiten sagt, er hat seinen Hintern vergessen. Die Potenz der Möglichkeit ist die Möglichkeit an sich, d.h. aus der Möglichkeit entwickelt sich die Potenz. Ob sie in Holzschuhe verliebt ist, bleibt ungewiss, zum Trotz gewissermaßen. Emil war überzeugt von seiner Sache, er hörte ja auch das Gras wachsen, was im Allgemeinen nicht üblich ist, das Gras-wachsen-hören. Glücklich diejenigen, die ...!

Es schneit am Abend. Moritz sah es zuerst in seinem Bezirk. Er lief zu seiner Mutti und sagte entzückt: Da draußen schneit es. Dadurch wurde vieles verändert. Die Straße wurde weiß, der Garten, und auf natürlichen und unnatürlichen Aufbauten oder Dingen, die in individueller Art und Weise dem Erdreich wegstrebten, blieb der Schnee mehr oder minder breit liegen. Eigensinnig, sozusagen, wie der Schnee es mit sich bringt, der richtige Schnee natürlich, der Freude macht, wurde der Abend heller. Viel Licht, das sonst von den grauen Dingen unseres Alltags verschluckt wird, kam zu vielfacher Reflexion und Brechung. Es war ein helles Licht, das die Dunkelheit verdrängte und eine dumme Komödie beleuchtete, das Spiel der Flocken. Während es ununterbrochen weiterschneite, ging die Welt, was natürlich falsch ist oder richtig, schlafen. Es kamen sonderbare Dinge auf die Bühne, die im Schnee reiner Schnee war oder die Vervielfältigung der illusorischen Augenblicke, der Handlungen ohne Tun.

Es steht da nämlich ein Mann draußen, der sich nicht zurechtfindet. Er hat leider den Kompass vergessen – oder der Kompass ihn. Dieser Gedanke streift ihn, dann geht er wenige Schritte, wohl bedacht, nicht in einen Gletscher zu treten. Gletscher sind eine Gefahr für ihn. Lieber würde er in einen Haufen Scheiße treten, was ja zu dieser Jahreszeit nicht gefährlich ist wegen der Temperatur von weniger als 87°. Der Mann ist ein Mann, das steht fest. Sein Äußeres spricht dafür, die langen Hosen, der Bart, das ausgeprägt männliche Gesicht, der Körperbau, die Stimme, der Hut, typische Merkmale des starken Geschlechtes. Ein Mann, buchstäblich. Seine Bedeutung? Schnee – Abend – Mann – Tausendundeine Nacht. Er sieht Gestalten aus dem Boden wachsen. Die erste, er lacht, toller Zufall. Aber was ist nicht Zufall im Leben. Zufälle, ja, die bleiben, was sie sind. Denn jetzt kommt die erste der Figuren, die schnell mit einem schönen Namen bestückt wird. Es sei denn, um mal nicht in der Norm zu sein, ein neuer Name zusammengesetzt aus b, k, l, t, also bklt. Bklt entwickelt sich und beginnt zu reden, natürlich so, wie es in ihn hineingelegt worden war, wie es die Gesetze der kausalen Strukturen bestimmen. Bklt: Ja, die, do, da, bah, tringelingeling, Kuckuck, Sansibar, zurück, oho – mais non. Wer bist Du, was hast Du, hast Du Ehrfurcht und kannst Du pfeifen? Kannst Du auch sonst noch was? Können! Ich bin der Kreis, ich drehe mich im Kreis, nein, nicht im kaukasischen, ich bin der abstrahierte Kreis an sich. Meine Vorfahren waren auch Kreise. Durch ihre Kreisung entkreiste ich. Buh! Schon wieder eine Mücke. Ein Volk ist das. Man kommt aus der Prügelei kaum noch hinaus. Gerechtigkeit für die Mücken. Auch ihrer ist das Himmelreich. Ich drehe mich in mich zurück in eigensinniger Drehung, ich drehe mich zum Vergnügen, ich drehe mich um die Zeit. Meine Drehung gehört mir. Ich verbiete jedem, sie mir abzunehmen. Bei Todesstrafe. Nun bin ich da. Unglaublich. Ich bitte den Zweiten, sich diesem Herrn vorzustellen. Er soll kommen. Genannt sei er t u p n o. Hier meldet sich tupno, seiner Herkunft nach ein Strich. Ich bin der Strich in allen Variationen. Gezogen vergegenwärtige ich mich in konventionellen Farben, manchmal allerdings, und das sehr oft, bin ich anderswo. Gegenwärtig natürlich, aber nicht für die Menschen. Denn diese kennen mich nur

288

auszugsweise. Ich bin sehr gut, den Menschen helfe ich bei ihrem Denken.

Aufgliederung des Textes

Nun ist die letzte Überlegung zu einer Geburt ohne Zweifel geworden.

Oder, wie man besser bei solchen Gelegenheiten sagt, er hat seinen Hintern vergessen!

Die Potenz der Möglichkeit ist die Möglichkeit an sich, das heißt, aus der Möglichkeit entwickelt sich die Potenz. Ob sie in Holzschuhe verliebt ist, bleibt ungewiss, zum Trotz gewissermaßen. Emil war überzeugt von seiner Sache. Er hörte ja auch das Gras wachsen, was im Allgemeinen nicht üblich ist, das Gras-wachsen-hören. Glücklich diejenigen, die …!

Es schneite am Abend. Moritz sah es zuerst in seinem Bezirk. Er lief zu seiner Mutti und sagte entzückt: „Da draußen schneit es." Dadurch wurde vieles verändert. Die Straße wurde weiß, der Garten, und auf natürlichen und unnatürlichen Aufbauten oder Dingen, die in individueller Art und Weise (von) dem Erdreich wegstrebten, blieb der Schnee mehr oder minder breit liegen. Eigensinnig sozusagen. Wie der Schnee es mit sich bringt, der richtige Schnee natürlich, der Freude macht, wurde der Abend heller. Viel Licht, das sonst von den grauen Dingen unseres Alltags verschluckt wird, kam zu vielfacher Reflexion und Brechung. Es war ein helles Licht, das die Dunkelheit verdrängte und eine dumme Komödie beleuchtete, das Spiel der Flocken.

Während es ununterbrochen weiterschneite, ging die Welt, was natürlich falsch ist oder richtig, schlafen. Es kamen sonderbare Dinge auf die Bühne, die im Schnee reiner Schnee war oder die Vervielfältigung der illusorischen Augenblicke, der Handlungen ohne Tun. Es steht da nämlich ein Mann draußen, der sich nicht zurechtfindet. Er hat leider den Kompass vergessen – oder der Kompass ihn. Dieser Gedanke streift ihn. Dann geht er wenige Schritte, wohl bedacht, nicht in einen Gletscher zu treten. Gletscher sind eine Gefahr für ihn. Lieber würde er in einen Haufen Scheiße treten, was ja zu dieser Jahreszeit nicht gefährlich ist wegen der Temperatur von weniger als 87°.

Der Mann ist ein Mann, das steht fest. Sein Äußeres spricht dafür: die lange Hose, der Bart, das ausgeprägt männliche Gesicht, der Körperbau, die Stimme, der Hut – typische Merkmale des starken Geschlechtes. Ein Mann, buchstäblich. Seine Bedeutung? Schnee–Abend–Mann – Tausend – und – eine – Nacht. Er sieht Gestalten aus dem Boden wachsen. Die erste, er lacht, toller Zufall. Aber was ist nicht Zufall im Leben. Zufälle ...

Ja!

... die bleiben, was sie sind. Denn jetzt kommt die erste der Figuren, die schnell mit einem schönen Namen bestückt wird. Es sei denn, um mal nicht in der Norm zu sein, ein neuer Name zusammengesetzt aus b, k, l, t, also <u>bklt</u>. Bklt entwickelt sich und beginnt zu reden, natürlich so, wie es in ihn hineingelegt worden war, wie es die Gesetze der kausalen Strukturen bestimmen. – Bklt:

„Ja, die, do, da, bah, tringelingeling, kuckuck, Sansibar."

Zurück!

„Oho!"

Mais non! Wer bist du? Was hast du? Hast du Ehrfurcht? Und kannst du pfeifen? Kannst du auch sonst noch was?

„Können?! Ich bin der Kreis! Ich drehe mich im Kreis. Nein, nicht im kaukasischen. Ich bin der abstrahierte Kreis an sich. Meine Vorfahren waren auch Kreise. Durch ihre Kreisung entkreiste ich ...

Buh! Schon wieder eine Mücke! Ein Volk ist das! Man kommt aus der Prügelei kaum noch heraus. Gerechtigkeit für die Mücken! Auch ihrer ist das Himmelreich.

... Ich drehe mich in mich zurück in eigensinniger Drehung. Ich drehe mich zum Vergnügen. Ich drehe mich um die Zeit. Meine Drehung gehört mir. Ich verbiete jedem, sie mir abzunehmen, bei Todesstrafe. Nun bin ich da.“

Unglaublich!

„Ich bitte den Zweiten, sich diesem Herrn vorzustellen.“

Er soll kommen. Genannt sei er tupno.

„Hier meldet sich tupno, seiner Herkunft nach ein Strich. Ich bin der Strich in allen Variationen. Gezogen vergegenwärtige ich mich in konventionellen Farben. Manchmal allerdings, und das sehr oft, bin ich anderswo. Gegenwärtig natürlich, aber nicht für die Menschen. Denn diese

292

kennen mich nur auszugsweise. Ich bin sehr gut,
den Menschen helfe ich bei ihrem Denken."

Deutung

➢ Tagebucheintrag inspiriert

Nun ist die letzte Überlegung zu einer Geburt ohne Zweifel geworden.

➢ Zurückkommend auf das Ende meines letzten Tagebucheintrags, wo ich schrieb: „Die Kirchen sind voll, das Feuer brennt uns." Diesen Satz übersetzte ich mit: Die Angst vor dem Höllenfeuer treibt die Menschen in die Kirche. – Im Wörterbuch der deutschen Sprache von Bertelsmann (Wö. d. dt. Spr. v. Be.) hat „Geburt" an vierter Stelle die Bedeutung von „Entstehung", zum Beispiel „die Geburt einer Idee". Nach diesem kann die Textstelle folgendermaßen übersetzt werden: Nun ist die Überlegung, die ich am Ende meines letzten Tagebucheintrags anstellte und äußerte, zweifellos richtig.

***Oder, wie man besser bei solchen Gelegenheiten
sagt, er hat seinen Hintern vergessen!***

> Denn in der Kindheit wurde uns, wenn
> wir etwas Schlimmes anstellten, der
> „Hintern" verhauen. — „Einem Kind
> den Hintern vollhauen, verhauen" be-
> deutet nach den Wö. d. dt. Spr. v. Be.
> „es verhauen".

Die Potenz der Möglichkeit ist die Möglichkeit an
sich, das heißt, aus der Möglichkeit entwickelt
sich die Potenz.

> Im Wö. d. dt. Spr. v. Be. hat „Potenz"
> an erster Stelle die Bedeutung von
> „Leistungsfähigkeit, Kraft, Macht" und
> an zweiter Stelle von „Fähigkeit zum
> Geschlechtsakt".

Ob sie in Holzschuhe verliebt ist, bleibt ungewiss,

> „Ganz besonders häufig sind Schuh-
> träume. Die Forschung der psychoana-
> lytischen Schule machte es sehr wahr-
> scheinlich, dass ein Teil der Fuß- und
> Schuhträume wirklich sexueller Natur
> ist, und dass mit dem Hineinschlüpfen
> in den Schuh ein anderer Akt gemeint

ist. Dabei – es ist immer wieder zu be-
tonen – betrachtet die Psyche jede sexuelle Wirklichkeit ohne alles Moralisie-
ren ..." (Ernst Aeppli)
zum Trotz gewissermaßen.

> Nämlich nach dem vorangegangenen
> Kommentar. – „Jemandem etwas zum
> Trotz tun" bedeutet nach dem Wö. d.
> dt. Spr. v. Be. „etwas tun, nur weil es
> der andere nicht will, nicht wünscht".

Emil war überzeugt von seiner Sache.

> „Der Vorname entspricht dem _lateini-_
> _schen_ _Aemilius_, einem Familienna-
> men (_Nomen gentile_). Nach dem Al-
> tertum war der Name untergegangen
> und praktisch unbekannt. Populär wur-
> de der Name erst wieder nach 1762
> mit dem Erscheinen von _Émile ou De_
> _l'éducation_, dem _Erziehungsroman_
> von _Jean-Jacques Rousseau_. Das
> Werk war in ganz Europa ein Erfolg
> und führte dazu, dass sich auch im
> Deutschen der Name in der französi-

schen Form – eben als *Emil* – sofort weit verbreitete." (Wikipedia). – „Alle im Traum auftauchenden Personen können bestimmte Aspekte der Persönlichkeit des Träumenden spiegeln. Während Feinde auf negative Eigenschaften und Handlungen hinweisen, verkörpern Freunde die positiven und vertrauten Seiten der Persönlichkeit ..." (Günter Harnisch)

Er hörte ja auch das Gras wachsen,

> „Er hört das Gras wachsen" bedeutet nach dem Wö. d. dt. Spr. v. Be. „er hält sich für sehr klug und wendig, er glaubt, über alles Bescheid zu wissen".

was im Allgemeinen nicht üblich ist, das Gras-wachsen-hören.

> „Kräftiges, saftiges, grünes Gras deutet auf Wachstum und Entwicklung im psychisch-geistigen Bereich hin ..." (Günter Harnisch)

Glücklich diejenigen, die ...!

Es schneite am Abend.

➢ „„… Sonst aber ist es in der Seele kalt, wenn man von Eis und Schnee träumt. Die Winterlandschaft hat etwas Großes und Erschreckendes …'' (Ernst Aeppli). – „Der Abend als Landschaftsbild oder als Stimmungslage ist meist ein Zeichen für den Träumenden, dass er sich in seinem Traum dem Bereich des Unbewussten nähern wird. Der Abend im Traum kann auch einen Hinweis auf den Lebensabend enthalten.'' (Günter Harnisch)

Moritz sah es zuerst in seinem Bezirk.

➢ „Moritz ist die eingedeutschte Form von lateinisch *Mauritius*, dem Namen eines der populärsten *Heiligen*, der gewöhnlich als Schwarzer dargestellt wird. Dieser Name ist eine Erweiterung von lateinisch *Maurus*, was für *Maure* oder *Mohr* steht. Dies wiederum ist ein Lehnwort aus dem Griechischen, wo maurós (μαυρός) schlicht „schwarz'' bedeutet.'' (Wikipedia). – „Etwas sehen'' hat nach dem Wö. d. dt. Spr. v. Be. unter anderem die Bedeutung von „ansehen, betrachten" und von „erkennen, durchschauen".

Er lief zu seiner Mutti

> „Das Bild der Mutter im Traum – es kann auch durch mütterliche Frauen aus dem Bekanntenkreis des Träumenden repräsentiert werden – stellt die Bereiche der eigenen Seele dar, die während der Kindheit durch die Mutter geformt werden. Die bewussten und unbewussten Erfahrungen bestimmen in jedem Menschen ein Verhaltensmuster, das für seine Beziehungen zum Partner im späteren Leben ausschlaggebend ist. Unbekannte Muttergestalten im Traum symbolisieren oft die sozialen Funktionen und Institutionen der Gesellschaft: Sozialeinrichtungen, Versorgungsansprüche, den Wohlfahrtsstaat. Auch ‚Mutter Kirche' kann gemeint sein ..." (Günter Harnisch)

und sagte entzückt: „Da draußen schneit es." Dadurch wurde vieles verändert. Die Straße wurde weiß,

> ,,Straßen oder Wege erscheinen im Traum als Symbole des Lebenswegs ..." (Günter Harnisch)

der Garten,

> ,,Der Garten ist im Allgemeinen ein Symbol der partnerschaftlichen Beziehung. Er zeigt Wachstum, Fruchtbarkeit, Lebensfreude an und hat fast immer eine positive Bedeutung. Der gleiche positive Informationswert geht auch von dem Gärtner im Traum aus, der den Garten hegt und pflegt." (Günter Harnisch)

und auf natürlichen und unnatürlichen Aufbauten oder Dingen, die in individueller Art und Weise (von) dem Erdreich wegstrebten,

> ,,von" wurde eingefügt. — ,,Im Schoß der Erde liegt die Saat. Sie reift zu neuem Leben heran. Dementsprechend weist Erde als Traumsymbol meist auf Körperlichkeit, Fruchtbarkeit, Mütterlichkeit und Nähren hin. Wer tief in die

Erde eindringt, gelangt in Bereiche der Vergangenheit, der Geschichte und des Todes. Wer aus der Erde aufsteigt, erwacht zu neuem Leben. Mit diesem Traumbild kann auch die Geschichte der eigenen Persönlichkeit gemeint sein. Wer sich zu tief in die Erde eingräbt, lebt nur noch seinen Erinnerungen. Er entfernt sich von der Wirklichkeit. Wer sich aus der Erde befreit, wird lebenstüchtig. Er erlebt eine körperliche oder geistige Wiedergeburt und gewinnt neue Lebensperspektiven ..." (Günter Harnisch)

blieb der Schnee mehr oder minder breit liegen. Eigensinnig sozusagen.

➤ Nach dem Wö. d. dt. Spr. v. Be. hat „eigensinnig" die Bedeutung von „unduldsam, uneinsichtig, von unduldsamer Willensstärke, unzugänglich für gutes Zureden und Vernunftgründe".

Wie der Schnee es mit sich bringt, der richtige Schnee natürlich, der Freude macht, wurde der Abend heller. Viel Licht, das sonst von den grauen Dingen unseres Alltags verschluckt wird,

> „Licht ist Symbol für Bewusstsein, Verstand, Erkenntnisvermögen, geistige und gefühlsmäßige Klarheit, Ausgeglichenheit und Lebenskraft, Hoffnung und Freude am Leben. Das Licht beseitigt Unwissenheit und Zweifel. Was im Licht liegt, kann man erkennen und begreifen. Man braucht es nicht zu fürchten. In diesem Sinne verkörpert das Licht als Traumsymbol den schöpferischen Geist, der Unwissenheit und Zweifel überwindet ..." (Günter Harnisch)

kam zu vielfacher Reflexion und Brechung.

> Im Wö. d. dt. Spr. v. Be. hat „Reflexion" an erster Stelle die Bedeutung von „Zurückwerfen (von Teilchen oder Wellen, z.B. Licht) an Grenzflächen zwischen verschiedenen Medien (z.B. zwischen Luft und Glas)" und an zweiter Stelle von „auf die eigenen Handlungen und Gedanken gerichtetes, prüfendes Nachdenken". — Im gleichen Wörterbuch hat „Brechung" an erster Stelle

*(Optik) die Bedeutung von „Richtungs-
änderung der Lichtwellen beim Über-
gang in einen anderen Stoff".*

Es war ein helles Licht, das die Dunkelheit verdrängte

➢ *Im Wö. d. dt. Spr. v. Be. wird „Dunkelheit" definiert als „dunkle, lichtlose Be-
schaffenheit, Finsternis". — „Was im
Dunkel liegt, kann man nicht durchschauen und nicht begreifen. Damit sind
Gedanken, Gefühle und Handlungen
gemeint. Als Traumbild weist die Dunkelheit meist auf Verständnislosigkeit,
Unwissenheit, das Unbewusste, Angst,
Alter und Tod hin. Dieses Bild stellt oft
unklare Ahnungen und Gefühle dar,
Zweifel und Ungewissheit. Lichtet sich
das Dunkel im Traum, so kommt Klarheit in unsere Gedanken und Gefühle
und Sicherheit in unser Handeln."
(Günter Harnisch)*

und eine dumme Komödie beleuchtete,

➢ *Im Wö. d. dt. Spr. v. Be. hat „Komödie"
an erster Stelle die Bedeutung von*

„heiteres Schauspiel" und an dritter
Stelle (im übertragenen Sinn) von „er-
heiternder Vorfall, lustiges Ereignis".

das Spiel der Flocken.

> Nach dem Duden haben „Flocken" un-
ter anderem die Bedeutung von „Geld",
zum Beispiel: „her mit den Flocken!"

Während es ununterbrochen weiterschneite,
ging die Welt, was natürlich falsch ist oder richtig, schlafen.

> „falsch ist oder richtig" wohl wegen der
unterschiedlichen Zeiten auf der Erde
und auch wegen der verschiedenen Bedeutungen von „schlafen".

Es kamen sonderbare Dinge auf die Bühne, die
im Schnee reiner Schnee war oder die Vervielfältigung der illusorischen Augenblicke,

> Nach dem Wö. d. dt. Spr. v. Be. hat „il-
lusorisch" die Bedeutung von „nur als
Illusion existierend, eingebildet".

der Handlungen ohne Tun. Es steht da nämlich
ein Mann draußen, der sich nicht zurechtfindet.

> „Alle im Traum auftauchenden Perso-
nen können bestimmte Aspekte der

Persönlichkeit des Träumenden spiegeln ...“ (Günter Harnisch)

Er hat leider den Kompass vergessen –

> Im Wö. d. dt. Spr. v. Be. wird „Kompass“ definiert als „Gerät zum Bestimmen der Himmelsrichtung mittels Magnetnadel“.

oder der Kompass ihn. Dieser Gedanke streift ihn.

> „An etwas streifen“ bedeutet nach dem Wö. d. dt. Spr. v. Be. „etwas leicht gleitend berühren“.

Dann geht er wenige Schritte, wohl bedacht, nicht in einen Gletscher zu treten. Gletscher sind eine Gefahr für ihn.

> Im Wö. d. dt. Spr. v. Be. wird „Gletscher“ definiert als eine „große, geschlossene Eismasse, die aus verfestigtem Schnee entstanden ist und sich sehr langsam talwärts bewegt“. – „Gletscher sind Traumsignale für Gefühlskälte. Der Sturz in eine Gletscherspalte symbolisiert die Gefahr, in geistige oder emotionale Erstarrung abzugleiten.“ (Günter Harnisch)

Lieber würde er in einen Haufen Scheiße treten, was ja zu dieser Jahreszeit nicht gefährlich ist wegen der Temperatur von weniger als 87°.

➤ Im Wö. d. dt. Spr. v. Be. wird „Temperatur" an erster Stelle definiert als „Wärmegrad, Wärmezustand". – Über die Temperaturangabe 87° rätselte ich lange. Der hier angegebene Wert kann nicht das Ergebnis einer Temperaturmessung nach Celsius, Fahrenheit oder Kelvin sein. Es blieb also, vor allem im Hinblick auf meine obige Angabe „Die Potenz der Möglichkeit ist die Möglichkeit an sich ..." nur der Versuch, die Zahl 87 symbolisch zu deuten. Und dazu Folgendes: „Die Acht gilt gemeinhin als die Zahl der Unendlichkeit. So ist denn auch die liegende Ziffer – die Lemniskate – das mathematische Unendlichkeitszeichen ..." (Heinrich Elijah Benedikt in „Die Kabbala"). – „Sieben gilt als die Heiligste aller Zahlen (septos = heilig). Alles ist nach ihr geregelt und aufgebaut – die Himmel, die

Schöpfung, der Mensch und sogar das Licht …" (Heinrich Elijah Benedikt in „Die Kabbala")

Der Mann ist ein Mann, das steht fest. Sein Äußeres spricht dafür: die lange Hose,

> Zu „Hose" bzw. Kleider schreibt Günter Harnisch unter anderem: „Die Kleider im Traum beziehen sich auf die vom Unbewussten her beeinflusste Persönlichkeit, wie sie sich gegenüber der Umwelt darstellt …" − „Die Hosen anhaben" bedeutet nach dem Redensarten-Index „dominieren; mächtig sein; etwas zu sagen haben; derjenige sein, der die Entscheidungen trifft".

der Bart,

> „Der Bart symbolisiert in der Traumsprache männliche Kraft und Potenz. Er ist ein Herrschaftssymbol. Im Traum signalisiert der Bart oft Aggressionstendenzen. (Günter Harnisch)

das ausgeprägt männliche Gesicht,

> „Der Ausdruck des Gesichts kann seeli-sche Befindlichkeiten widerspiegeln ..."
> (Günter Harnisch)

der Körperbau, die Stimme, der Hut –

> „Die Kopfbedeckung deutet in ähnlicher Weise wie Kleider im Traum auf die Persönlichkeit des Träumenden hin, wie sie sich im Beruf und in der Umwelt darstellt. Wir sprechen im Alltag von der Arzt- oder Richterpersönlichkeit, vom Typ des Beamten, des Sportlers. Entsprechend Vielfältiges können Kopf-bedeckungen aussagen: Das Barett des Richters, die rote Mütze des Bahnbe-amten, die Bäckermütze, der Zylinder des Schornsteinfegers, die Mütze des Polizisten, der Helm des Soldaten – sie alle haben als Standeszeichen eine ent-sprechende Bedeutung im Traum. Freud sah im Hut ein männliches Sexualsym-bol. Das kann, muss aber nicht zutref-fen." (Günter Harnisch)

typische Merkmale des starken Geschlechtes. Ein Mann, buchstäblich. Seine Bedeutung? Schnee – Abend – Mann – Tausend und eine Nacht. Er sieht Gestalten aus dem Boden wachsen. Die erste, er lacht, toller Zufall. Aber was ist nicht Zufall im Leben. Zufälle ...

Ja!

... die bleiben, was sie sind.

> ➢ *Nämlich etwas, das zufällt oder zugefallen ist. — Im Wö. d. dt. Spr. v. Be. hat „zufallen" an erster Stelle (ohne Objekt) die Bedeutung von „sich schließen" und an zweiter Stelle (mit Dativ) von „etwas fällt jemandem zu", und zwar im Sinne von „etwas wird jemandes Eigentum" und „etwas wird jemandem zugewiesen, übertragen". An dritter Stelle wird verwiesen auf „zufließen".*

Denn jetzt kommt die erste der Figuren, die schnell mit einem schönen Namen bestückt wird.

> ➢ *Im Wö. d. dt. Spr. v. Be. hat „bestücken" an erster Stelle die Bedeutung von „mit etwas ausrüsten" und an zweiter Stelle (allgemein) von „ausstatten".*

Es sei denn, um mal nicht in der Norm zu sein, ein neuer Name zusammengesetzt aus b, k, l, t, also <u>bklt</u>. Bklt entwickelt sich und beginnt zu reden, natürlich so, wie es in ihn hineingelegt worden war, wie es die Gesetze der kausalen Strukturen bestimmen. –

> Im Wö. d. dt. Spr. v. Be. wird „kausal" definiert als „ursächlich zusammenhängend, auf Ursache und Wirkung beruhend".

Bklt:

„Ja, die, do,

> „Ja, die dort.

da, bah,

> Nach dem Duden ist „bah" unter anderem ein Ausruf des Ekels.

tringelingeling,

> Wohl zurückkommend auf meinen Tagebucheintrag vom 7. Januar, in welchem ich schrieb: „Eine Glocke bimmelt. Demonstrationen. Die Straße schwimmt im Licht, Bollwerke des Friedens die letzten Schatten. – Ein Geheul." Dabei bezieht sich „tringelingeling" sicherlich auf „Eine Glocke bimmelt" und „Tri" auf die Glocke selbst, eine Kirchenglocke.

Letztere steht in Verbindung mit der Trinität, der Dreifaltigkeit.

kuckuck, Sansibar." –

➢ Wohl mit einem Bezug zum „Geheul" in der gerade von mir angeführten Textstelle aus meinem Tagebucheintrag vom 7. Januar und im Textzusammenhang zu verstehen im Sinne von: kuck, kuck, Sansibar!" – „Kuck" hier für „Guck". Nach dem Duden sind beide Schreibweisen korrekt. – Zu „Sansibar" lese ich bei Wikipedia unter anderem: „... Bereits am 12. Januar 1964 kam es zu einem durch <u>John Okello</u> angeführten und erfolgreichen Staatsstreich, dem <u>Sansibar-Massaker</u> ..." (Siehe dazu das Datum des Tagebucheintrags!)

Zurück!

„Oho!"

➢ Nach dem Duden ist „Oho!" ein „Ausruf des Erstaunens, Widerspruches, Unwillens".

310

Mais non!

> „Mais non!" ist Französisch. Auf Deutsch: Aber nein!

Wer bist du? Was hast du? Hast du Ehrfurcht? Und kannst du pfeifen? Kannst du auch sonst noch was?

„Können?! Ich bin der Kreis!

> „Der Kreis ist, wie auch der Ring, ein Ganzheitssymbol. Ihm wurde in alter Zeit in den Märchen und Mythen die Kraft eines Schutz- und Abwehrzaubers zugeschrieben. Alles, was sich im Traum in dem Kreis abspielt, hat besondere Bedeutung. Allgemein signalisiert der Kreis im Traum eine Konzentration psychischer Energie." (Günter Harnisch)

Ich drehe mich im Kreis. –

> „Sich im Kreis/Kreise bewegen/drehen" bedeutet nach dem Redensarten-Index „nicht vorwärts kommen, keine Fort-schritte machen".

Nein, nicht im kaukasischen.

> Gemeint ist hier sicherlich „Der kaukasische Kreidekreis“, ein Theaterstück von Bertolt Brecht.

Ich bin der abstrahierte Kreis an sich.

> Nach dem Wö. d. dt. Spr. v. Be. hat „etwas abstrahieren“ die Bedeutung von „das Wesentliche von etwas erkennen und verallgemeinern, zum Begriff erheben“.

Meine Vorfahren waren auch Kreise. Durch ihre Kreisung entkreiste ich ...

Buh! Schon wieder eine Mücke!

> „Tiere verkörpern im Traum die Naturseite des Menschen. Sie vertreten gleichsam die Instinkte und Ahnungen ...“ (Günter Harnisch). – „Insekten verkörpern im Traum tief verankerte, unbewusste Inhalte ...“ (Günter Harnisch)

Ein Volk ist das! Man kommt aus der Prügelei kaum noch heraus. Gerechtigkeit für die Mücken! Auch ihrer ist das Himmelreich.

... Ich drehe mich in mich zurück in eigensinniger Drehung.

➢ Im Wö. d. dt. Spr. v. Be. hat „zurück-
   drehen" an erster Stelle die Bedeutung
   von „in Richtung der Ausgangsstellung
   drehen, rückwärts drehen". — Nach
   dem gleichen Wörterbuch hat „eigensinnig" die Bedeutung von „unduldsam,
   uneinsichtig, von unduldsamer Willensstärke, unzugänglich für gutes Zureden
   und Vernunftgründe".

**Ich drehe mich zum Vergnügen. Ich drehe mich
um die Zeit.**

➢ Im Wö. d. dt. Spr. v. Be. wird „Zeit" an
   erster Stelle definiert als eine „Aufeinanderfolge der Sekunden, Minuten,
   Stunden, Tage, Wochen, Monate, Jahre,
   Ablauf des Geschehens".

**Meine Drehung gehört mir. Ich verbiete jedem,
sie mir abzunehmen, bei Todesstrafe.**

➢ Denn: „Aber Jesus sprach zu ihm: Folge
   du mir und lass die Toten ihre Toten
   begraben!" (Matthäus 8:22)

Nun bin ich da."

➢ „Da sagte Mose zu Gott: Ich werde also
   zu den Israeliten kommen und ihnen
   sagen: Der Gott eurer Väter hat mich

zu euch gesandt. Sie aber werden mich fragen: Wie heißt er? Was soll ich ihnen dann sagen? Gott antwortete Mose: Ich bin der Ich-bin-da" (2. Mose 3:13-14)

Unglaublich!

„Ich bitte den Zweiten, sich diesem Herrn vorzustellen."

➢ „Ist die Eins die Zahl des allumfassenden, unteilbaren Bewusstseins Gottes, der Wahrheit und des Lebens, so ist die Zwei Ausdruck der Erscheinungsform der sich in Seinem Bewusstsein als Gedanke fortsetzenden Welt. Indem sich dieser Gedanke verdichtet und differenziert und daraus die vielen tausend Dinge entstehen, ist er immer noch eins mit Gott, erscheint aber als getrennte, eigenständige Existenz. Selbst Träger von Bewusstsein, erscheinen all die Gedanken, Dinge und Individuen – indem sie konkrete Formen annehmen – als selbstständige, unabhängige und getrenne Seinsformen …" (Heinrich Elijah Benedikt in ‚Die Kabbala')

Er soll kommen. Genannt sei er tupno.

„Hier meldet sich tupno, seiner Herkunft nach ein Strich. Ich bin der Strich in allen Variationen.

➢ Im Wö. d. dt. Spr. v. Be. hat „Strich" an erster Stelle die Bedeutung von „mit einem Schreibgerät gezogene Linie", an zweiter Stelle von „das Streichen, Streichung", an dritter Stelle von „Art und Weise, ein Schreib- oder Zeichen- gerät zu führen", an vierter Stelle von „Einteilung auf einer Skala", an fünfter Stelle von „Richtung, in der die Haare eines Lebewesens oder die Fasern eines Gewebes angeordnet sind", an sechster Stelle von „Flug von Vögeln in geringer Höhe; Schwarm, Gruppe (von Vögeln)", an siebenter Stelle von „Art und Weise der Bogenführung eines Streichers", an achter Stelle von „Teil einer Land- schaft", an neunter Stelle von „Prosti- tution auf der Straße" und an zehnter

Stelle (umgangssprachlich) von „Straße, Gegend, in der Straßenprostitution stattfindet".

Gezogen vergegenwärtige ich mich in konventionellen Farben. Manchmal allerdings, und das sehr oft, bin ich anderswo. Gegenwärtig natürlich, aber nicht für die Menschen.

Denn diese kennen mich nur auszugsweise. Ich bin sehr gut, den Menschen helfe ich bei ihrem Denken."

➢ Nämlich als Gedankenstrich.

21. Mai 1961, Pfingstsonntag

Wie man hat eine hektische Rötung – mit Bescheidenheit gesagt – am frühen Morgen, Mittag und Abend. Ich sehe einen Stoß. Darüber wölbt sich die Zeit: Zärtliche Abgase, die mich ängstigen. Tollheit, Wahnsinn, Heidenangst, die Langeweile der theoretischen Gefühlskonstruktionen an sich, ganz abgesehen vom Leben, das nämlich ist trotz allem wert gelebt zu werden. Diese Weisheiten, wie rührend. Rücken wir das unwesentlich Wesentliche oder wesentlich Unwesentliche in den Vordergrund.

Die Bescheidenheit. Ein Mensch, der bescheiden ist, bemüht sich, bescheiden zu sein, auch bescheiden zu sein, oder bemüht sich auch, bescheiden zu sein. Von diesem Bemühen nämlich hängt es ab, ob er bescheiden ist oder nicht. Das heißt, eigentlich ist sein Bemühen, bescheiden zu sein, ein unbescheidenes Bemühen insofern, dass er ganz bescheiden werden will und mit seiner perfekten Bescheidenheit nicht nur ein perfekter Mensch, sondern noch dazu ein perfekter Bescheidener werden will.

Es läutet. Warum auch nicht? Nun läutet es schon lange. Warum eigentlich läutet es so lange, wo es doch heute gar nichts mehr zu läuten gibt?

317

Es handelt sich darum, Klarheit zu schaffen – Klarheit, keine Erbsen oder gar Stoßstangen, die werden nicht mehr gesungen. Da braust er auf. Donner und Teufel, wozu habe ich denn den Durchfall, wenn es mir doch niemand glauben will.

Sie sagt: Du sollst es lassen.
Er: Ganz richtig, dafür bin ich da.
Sie: Wofür denn?
Er: Mein Geheimnis.
Sie: Du musst es mir sagen.
Er: Denkste, wo käme ich dann hin.
Sie: Das weiß ich nicht.
Er: Siehste, wenn du's wüsstest, würdest du nicht fragen.
Sie: Ist es denn so schlimm.
Er: Ja.
Sie: Ich dachte es mir. Heute trifft man überall auf Komplikationen.
Er: Wieso? Du auch?
Sie: Und ob. Sie laufen mir nach.
Er: Wer läuft dir nach?
Sie: Musst du das wissen? Es ist unbedeutend und ganz ohne Belang für dich.
Er: Doch, Liebste, sag mir, denn ich habe gerade da gewisse Ambitionen.
Sie: Eine alberne Geschichte.
Er: So?

Sie: Es ist lange her.

Er: Dann warst du noch sehr klein?

Sie: Gewiss.

Er: Ich hab's mir gedacht.

Sie: Ich hatte damals einen Namen.

Er: Nein!?

Sie: Doch.

Er: Wie schön, anbetungswürdiges Mädchen, erzähle!

Sie: Einer richtigen Namen. Schmitz, glaube ich, und Lore.

Er: Lore Schmitz. Witzig. Steht dir nämlich, was ich sagen wollte. Man kann nicht besser geheißen haben. Hätte auch gern einen Namen gehabt, so einen wie du, Lore Schmitz.

Sie: Ich war da sehr klein.

Er: Zeig!

Sie: So.

Er: Ach!

Sie. Ja – a – h.

Er: Wie niedlich.

Sie: Richtig.

Er: Einen richtigen Namen.

Sie: Und ...

Er: Und was? Ich bin ganz atemlos vor Spannung. Verstehst du?

Sie: Bist du ja immer.

Er: Siehst du, ich habe recht.

Sie: Du bist sehr klug.

Aufgliederung des Textes

Wie man hat eine hektische Rötung – mit Bescheidenheit gesagt – am frühen Morgen, Mittag und Abend. Ich sehe einen Stoß. Darüber wölbt sich die Zeit, zärtliche Abgase, die mich ängstigen: Tollheit, Wahnsinn, Heidenangst, die Langeweile der theoretischen Gefühlskonstruktionen an sich, ganz abgesehen vom Leben. Das nämlich ist trotz allem wert, gelebt zu werden.

Diese Weisheiten, wie rührend!

Rücken wir das unwesentlich Wesentliche oder wesentlich Unwesentliche in den Vordergrund!

Die Bescheidenheit!

Ein Mensch, der bescheiden ist, bemüht sich, bescheiden zu sein, auch bescheiden zu sein, oder bemüht sich auch, bescheiden zu sein. Von diesem Bemühen nämlich hängt es ab, ob er bescheiden ist oder nicht. Das heißt, eigentlich ist sein Bemühen, bescheiden zu sein, ein unbescheidenes Bemühen insofern, als er ganz bescheiden werden will und mit seiner perfekten

320

Bescheidenheit nicht nur ein perfekter Mensch, sondern noch dazu ein perfekter Bescheidener werden will.

Es läutet!

Warum auch nicht?

Nun läutet es schon lange!

Warum eigentlich läutet es so lange, wo es doch heute gar nichts mehr zu läuten gibt?!

Es handelt sich darum, Klarheit zu schaffen – Klarheit, keine Erbsen oder gar Stoßstangen! Die werden nicht mehr gesungen!

Da braust er auf: Donner und Teufel, wozu habe ich denn den Durchfall, wenn es mir doch niemand glauben will?!

Sie sagt: Du sollst es lassen.
Er: Ganz richtig, dafür bin ich da.
Sie: Wofür denn?
Er: Mein Geheimnis.
Sie: Du musst es mir sagen.
Er: Denkste, wo käme ich dann hin.
Sie: Das weiß ich nicht.

Er: Siehste, wenn du's wüsstest, würdest du nicht fragen.

Sie: Ist es denn so schlimm?

Er: Ja.

Sie: Ich dachte es mir. Heute trifft man überall auf Komplikationen.

Er: Wieso? Du auch?

Sie: Und ob. Sie laufen mir nach.

Er: Wer läuft dir nach?

Sie: Musst du das wissen? Es ist unbedeutend und ganz ohne Belang für dich.

Er: Doch, Liebste, sag mir, denn ich habe gerade da gewisse Ambitionen.

Sie: Eine alberne Geschichte.

Er: So?

Sie: Es ist lange her.

Er: Dann warst du noch sehr klein?

Sie: Gewiss.

Er: Ich hab's mir gedacht.

Sie: Ich hatte damals einen Namen.

Er: Nein!

Sie: Doch.

Er: Wie schön, anbetungswürdiges Mädchen, erzähle!

Sie: Einen richtigen Namen. Schmitz, glaube ich, und Lore.

Er: Lore Schmitz. – Witzig. Steht dir nämlich. Was ich sagen wollte, man kann nicht besser geheißen haben. Hätte auch gern einen Namen gehabt, so einen wie du: Lore Schmitz.

Sie: Ich war da sehr klein!

Er: Zeig!

Sie: So.

Er: Ach!

Sie: Ja – a – h.

Er: Wie niedlich.

Sie: Richtig.

Er: Einen richtigen Namen.

Sie: Und …

Er: Und was? Ich bin ganz atemlos vor Spannung, verstehst du?

Sie: Bist du ja immer.

Er: Siehst du, ich habe Recht.

Sie: Du bist sehr klug.

Deutung

➢ *Tagebucheintrag inspiriert*

Wie man hat eine hektische Rötung – mit Bescheidenheit gesagt – am frühen Morgen, Mittag und Abend.

➢ *Im Wörterbuch der deutschen Sprache von Bertelsmann (Wö. d. dt. Spr. v. Be.) hat „hektisch" an zweiter Stelle die Be-*

deutung von „fieberhaft aufgeregt, sehr betriebsam".

Ich sehe einen Stoß.

> Im Wö. d. dt. Spr. v. Be. hat „Stoß" an dritter Stelle die Bedeutung von „(starke) gezielte Bewegung".

Darüber wölbt sich die Zeit:

• Im Wö. d. dt. Spr. v. Be. wird „Zeit" an erster Stelle definiert als eine „Aufeinanderfolge der Sekunden, Minuten, Stunden, Tage, Wochen, Monate, Jahre, Ablauf des Geschehens".

zärtliche Abgase, die mich ängstigen.

> Zu „Gas" schreibt Günter Harnisch: „Dieses Traumbild gilt als Symbol für schädliche Einflüsse, Gedanken und Gefühle. Gemeinheit und Bösartigkeit können mit diesem Bild gemeint sein, alles, was den Wertvorstellungen des Träumenden entgegensteht."

Tollheit, Wahnsinn, Heidenangst,

> Nach dem Wö. d. dt. Spr. v. Be. bedeutet „Heiden…" in Zusammensetzungen und umgangssprachlich „sehr viel, sehr groß".

die Langeweile der theoretischen Gefühlskonstruktionen an sich,

> *Nämlich in der Partnerschaft*

ganz abgesehen vom Leben. Das nämlich ist trotz
allem wert, gelebt zu werden.

Diese Weisheiten, wie rührend!

Rücken wir das unwesentlich Wesentliche oder
wesentlich Unwesentliche in den Vordergrund!

Die Bescheidenheit!

Ein Mensch, der bescheiden ist, bemüht sich,
bescheiden zu sein, auch bescheiden zu sein,
oder bemüht sich auch, bescheiden zu sein. Von
diesem Bemühen nämlich hängt es ab, ob er bescheiden ist oder nicht. Das heißt, eigentlich ist
sein Bemühen, bescheiden zu sein, ein unbescheidenes Bemühen insofern, als er ganz bescheiden werden will und mit seiner perfekten
Bescheidenheit nicht nur ein perfekter Mensch,
sondern noch dazu ein perfekter Bescheidener
werden will.

Es läutet!

> *Nämlich am Pfingstsonntagmorgen. —*
> *Im Wö. d. dt. Spr. v. Be. hat „läuten"*
> *an erster Stelle die Bedeutung von*

„Klang von sich geben, tönen", zum Beispiel „die Glocken läuten".

Warum auch nicht?

Nun läutet es schon lange!

Warum eigentlich läutet es so lange, wo es doch heute gar nichts mehr zu läuten gibt?!

➢ Nämlich weil heutzutage kaum noch geglaubt wird.

Es handelt sich darum, Klarheit zu schaffen — Klarheit,

➢ Im Wö. d. dt. Spr. v. Be. hat „Klarheit" an zweiter Stelle die Bedeutung von „Gewissheit, Erkenntnis", zum Beispiel „sich Klarheit über eine Sache verschaffen; Klarheit über etwas gewinnen".

keine Erbsen oder gar Stoßstangen!

➢ Mit letzteren wohl zurückkommend auf „Ich sehe einen Stoß" am Anfang dieses Tagebucheintrags. — „Stäbe, Stangen und Stöcke sind fast immer als Hinweise auf die männliche Sexualität zu verstehen." (Günter Harnisch). — „Die

Schote mit frischen Erbsen deutet auf weibliche Sexualität, Fruchtbarkeit und Schwangerschaft hin." (Günter Harnisch)

Die werden nicht mehr gesungen!

➢ Zu „singen" bzw. Gesang schreibt Günter Harnisch unter anderem: „Im Allgemeinen symbolisiert Singen im Traum Harmonie, Ausgeglichenheit und festliche Stimmung. Singt ein Einzelner, so deutet das eher auf gefühlsbetonte Innerlichkeit ..."

Da braust er auf:

➢ Nämlich ich als automatisch Schreibender bzw. als Schreibmedium

Donner und Teufel, wozu habe ich denn den Durchfall,

➢ „Durchfall" hier als bildliche Darstellung meiner momentanen Situation: Mir fließen, mir damals aber nicht bewusst, Gedanken zu, die ich dann sogleich zu Papier bringe.

wenn es mir doch niemand glauben will?!

Sie sagt: Du sollst es lassen.

Er: Ganz richtig, dafür bin ich da.

Sie: Wofür denn?

Er: Mein Geheimnis.

Sie: Du musst es mir sagen.

Er: Denkste, wo käme ich dann hin.

Sie: Das weiß ich nicht.

Er: Siehste, wenn du's wüsstest, würdest du nicht fragen.

Sie: Ist es denn so schlimm?

Er: Ja.

Sie: Ich dachte es mir. Heute trifft man überall auf Komplikationen.

Er: Wieso? Du auch?

Sie: Und ob. Sie laufen mir nach.

Er: Wer läuft dir nach?

Sie: Musst du das wissen? Es ist unbedeutend und ganz ohne Belang für dich.

Er: Doch, Liebste, sag mir, denn ich habe gerade da gewisse Ambitionen.

Sie: Eine alberne Geschichte.

Er: So?

Sie: Es ist lange her.

Er: Dann warst du noch sehr klein?

Sie: Gewiss.

Er: Ich hab's mir gedacht.

Sie: Ich hatte damals einen Namen.

Er: Nein!

Sie: Doch.

Er: Wie schön, anbetungswürdiges Mädchen, erzähle!

Sie: Einen richtigen Namen. Schmitz, glaube ich, und Lore.

Er: Lore Schmitz. – Witzig. Steht dir nämlich. Was ich sagen wollte, man kann nicht besser geheißen haben. Hätte auch gern einen Namen gehabt, so einen wie du: Lore Schmitz.

Sie: Ich war da sehr klein.

Er: Zeig!

Sie: So.

Er: Ach!

Sie: Ja – a – h.

Er: Wie niedlich.

Sie: Richtig.

Er: Einen richtigen Namen.

Sie: Und ...

Er: Und was? Ich bin ganz atemlos vor Spannung, verstehst du?

Sie: Bist du ja immer.

Er: Siehst du, ich habe Recht.

Sie: Du bist sehr klug.

14. Juli 1961

Endgültig frei, glaube ich, von der Ambition, <u>auch</u> literarisch zu sein. Schade, vielleicht, denn die Literatur, das Spiel, das Erlebnis menschlicher Gefühlssphären ist so vielfältig wie die Welt selbst, so, dass allein „ein Haus" in unzählig vielen mehr oder minder gut geglückten Variationen auf dem Papier erscheinen kann, um dann beliebige Potenzen von Empfindungen, Gefühlen, Reaktionen zu erwecken. Das ist aber eigentlich nicht so wesentlich, nur etwas aus der Struktur. Viel trauriger könnte der Gedanke stimmen, dass nun vieles verloren geht oder an Gefühlen nicht beschrieben wird, was so durchaus menschlich ist. Selbstverständlich befassen die Naturwissenschaften sich auch mit dem Komplex Welt – Mensch und seiner Analyse und kommen die Naturwissenschaften auch zu Synthesen. Aber das alles geschieht in einer anderen Sprache, die eher der monotonen Rhythmik eines Zahnrades zu vergleichen ist als dem Weinen, dem kleinen, stillen, gequälten, traurigen Weinen eines Kindes. Nun, ich werde das in Kauf nehmen müssen, werde mich aber immer bemühen, Sinn und Zweck des Ganzen nicht zu verlieren, werde versuchen, den Mensch als Mittelpunkt unseres Seins zu behalten.

Aufgliederung des Textes und Deutung

> ➤ Das fett Geschriebene ist wegen seines sich vom übrigen Text deutlich absetzenden Schreibstils und auch der in ihm zum Ausdruck kommenden geistigen Reife sicherlich von einer geistig höheren Ebene inspiriert.

Endgültig frei, glaube ich, von der Ambition, <u>auch</u> literarisch zu sein.

> ➤ Ab Ende Mai 1961 arbeitete ich an einem kleinen Bühnenstück. Im Anschluss an die letzte Szene findet sich folgender Vermerk in Klammern: Es müsste an der Situation etwas geändert werden. Man macht das durch ein Aushängeschild bekannt, möchte es bekannt machen, doch die Aktiven fehlen.

Schade. – Vielleicht, denn die Literatur, das Spiel, das Erlebnis menschlicher Gefühlssphären ist so vielfältig wie die Welt selbst, so, dass allein „ein Haus" in unzählig vielen mehr oder minder gut geglückten Variationen auf dem Papier erscheinen kann, um dann beliebige Potenzen von Empfindungen, Gefühlen, Reaktio-

nen zu erwecken. Das ist aber eigentlich nicht so wesentlich, nur etwas aus der Struktur. Viel trauriger könnte der Gedanke stimmen, dass nun vieles verloren geht oder an Gefühlen nicht beschrieben wird, was so durchaus menschlich ist. Selbstverständlich befassen die Naturwissenschaften sich auch mit dem Komplex Welt/ Mensch und seiner Analyse, und kommen die Naturwissenschaften auch zu Synthesen. Aber das alles geschieht in einer anderen Sprache, die eher der monotonen Rhythmik eines Zahnrades zu vergleichen ist als dem Weinen, dem kleinen, stillen, gequälten, traurigen Weinen eines Kindes.

Nun, ich werde das in Kauf nehmen müssen, werde mich aber immer bemühen, Sinn und Zweck des Ganzen nicht zu verlieren, werde versuchen, den Menschen als Mittelpunkt unseres Seins zu behalten.

15. Juli 1961

Mir ist sauübel durch Kopfschmerzen, die nach langer Zeit zum ersten Mal wieder, dafür mit unverschämter Stärke, da sind. Was will ich jetzt machen: Tabletten fehlen, Schlaf fehlt, die Lust zu lernen ist wie nie gekannt. Trockenes Brot liegt vor. Ich möchte das ankotzen. Wohl Bier, obwohl ohne besonderen Genuss, mehr aus lieber Gewohnheit, trinke ich. Ob ich schreiben soll? Und was? Das Denken wird zur Qual. Meine Augen gehen dauernd in Ruhestellung. Was soll's.

Es war mal ein Mann, der sich glaubte und alles das glaubte, was er glaubte.

Abgeschrieben ist jetzt zunächst der Wert einer Empfindung, so, wie sie in ihrer Breite formgebend wird. Wir müssen uns ganz einfach fragen: ist das uns Umgebende echt? Und was ist das eigentlich, was Kontakt zu uns, oder, zu dem wir Kontakt aufnehmen? Man könnte eine Maschine bauen, die hineingelegte Objekte untersucht und das Ergebnis auswirft. Dann hätten wir tatsächlich unumstößliche Werte wie die Höhe, die Tiefe, die Weite, das Gewicht, die Farbe, die Substanzqualitäten, die Temperatur und so weiter. Aber sind das unumstößliche Werte, die da ermittelt werden? Ich glaube, wir können nur sagen: die Maschine untersucht ihrer Bau- und Funktionsart entsprechend das Objekt, es geschieht ein bestimmter Reaktionsablauf, der in seiner analytischen Kleinheit erdacht und konstruiert wurde, der aber in der Art seines dynamischen Ablaufs ganz dem zu untersuchenden Objekt unterliegt, insofern, dass die Erscheinung des Objektes die des sekundären oder besser Partner-Objektes, der Maschine, modifiziert, dass also die Ergebnisse immer recht individuell sind – entsprechend dem Vorgang. Von Automatie darf hier absolut keine Rede sein. Die Automatie ist ein Schlagwort, das irgendwo aus der Breite, Tiefe und Höhe eines rationell denkenden Menschengeschlechtes erschienen ist. Die Automatie als solche ist total wertlos. Sie ist kein Kernwort, ein Wort wie Suppe oder Hühnerfutter oder unter Umständen Bier. Man soll sich darüber nicht hauen. Es ist hier nach Werten, nicht nach Worten gefragt. Gibt es etwas Tatsächliches? Die Maschine kann es nicht. Was sind und was vermögen wir? Erstens, wenn es dunkel ist, zweitens, wenn es hell ist, drittens im Winter, viertens im Sommer, fünftens in der Not, sechstens beim Tanz und so fort, meine Herren, und so fort.

Gezwungenermaßen muss man etwas zurückschrauben. Der Baum stimmt nicht und der Tee, weil der Eine in der Wüste dran erhängt wurde und der andere leidenschaftlicher Trinker war. Haben wir den Kontakt zur Materie verloren? Was wissen wir von ihr? Hatten wir jemals Kontakt? Was ist das, was wir empfinden, was wir leben? Wie sieht das Lebensgefühl beschrieben aus, wie ist es? Es wird so viel von unzählig vielen, irremachenden Faktoren gesprochen, die einen Einfluss in der Kausalität haben, die teils im Kreis befindlich, teils gereiht oder zu- und nebengeordnet, über- und untergeschlagen, mit sagenhaft vielen Ausläufern versehen sind. Dabei bleibt aber der kleinste Faktor ein Komplex. Man stelle sich vor: Der Wagen von einem alten Mann (Frage: Warum alten) ist stehen geblieben. Da kommt ein hilfsbereiter junger Mann pfeifend daher, sieht das, hilfsbereit wie er ist, geht er zum Auto, das da stehen geblieben, erkundigt sich, was los ist, und schiebt. Da haben wir es. Wo will hier ein Strebsamer die zwei wesentlichsten komplexen Faktoren kristallisieren. Ein Dilemma. Man kommt so nicht weiter, auch wenn der Wagen weiterfährt, fährt er todsicher gegen einen Baum, und Mann, Auto, Baum sind dann sehr oft tot, manchmal auch einzeln oder in Zweiergruppen, manchmal bedingt.

Ich glaube, aus der Erkenntnis heraus, dass der Mensch ein kleiner Tropfen im Meer ist, umgeben von Wasser, sollten wir sagen, dass uns in direkter Beziehung das Sein zum größten Teil verschlossen ist. Was wir wissen, steht in einem bestimmten Verhältnis zu unserem Sein mit seinen Eigenheiten. Rein formal: wir hören, sehen, riechen, schmecken: also wir leiten Empfindungen von irgendwelchen Dingen mit Hilfe bestimmter Einrichtungen in jenes Zentrum X, das wir mal mit dem Lebenszentrum, dem Gefühl des Seins gleichsetzen wollen. Da kommt es zu irgendwelchen Reaktionsabläufen, die man noch nicht ganz erfasst hat. Auf den ersten Blick scheint aber alles darauf hinauszulaufen, dass die Erhaltung das wesentliche Merkmal im Prozess aller Dinge zu sein scheint. Doch darüber später. Es ist müßig, jetzt eine genaueste Erklärung der Miniaturvorgänge in unserem Organismus geben zu wollen. Das können wir noch nicht, weil viele Ideen, Methoden, Erfahrungen noch fehlen. Jede Wissenschaft ist eine Erfahrungswissenschaft. Ihre Elemente sind die Nebensächlichkeiten, ihre Dynamik ist die Kombination. Wir müssen den Menschen bis zu einer gewissen Grenze noch setzen, solange die letzten Zusammenhänge, die ihn umgeben, ungeklärt sind. Aber auch mit einem zum Teil gesetzten Menschen kann man schon eine Menge anfangen, oder er mit sich. Zum Beispiel kann er sehr aufmerksam durch die Welt gehen, interessiert für alles, mit einem gesunden Gedächtnis und Vergleichsvermögen. Ein solcher Mensch wird bestimmt eines Tages feststellen, dass er lebt, dass er alles das tut, was ein Mensch tut, und alles das tun kann, was ein Mensch tun kann, wenn er es kann. Er wird praktisch von sich sagen können: Da bin ich und so ist es gut oder schlecht. Jedenfalls kann er eine Aussage machen, die wichtig ist. Er kann differenzieren: er kann das Sein einem Nichtsein gegenüberstellen. Er wird sagen können: Ich bin. Dieses „bin" ist die erste Person, gebildet vom Hilfsverb „esse" oder „sein", das wichtigste Hilfsverb in der Weltgeschichte überhaupt. Es definiert und erklärt alles. Ob der Kleingärtner sagt: „Die Tomaten sind in diesem Jahr faul", oder der Maurer sagt: „Der Speis ist gut", oder der Chemiker: „Der Kohlenstoff ist vierwertig und die Wohnungsmiete heutzutage viel zu hoch": überall stoßen wir auf dieses „sein", dessen grundsätzliche und wahre Bedeutung in sich selbst, der Realität, verborgen liegt. Es kann einfach aus dieser nicht herausgelöst werden, weil das an sich ein sehr großer Widerspruch wäre. Man kann dem Sein nicht das Sein entziehen. Es würde in sich zusammenstürzen, würde definitionslos jeder Konkretisierung die allergrößte Unmöglichkeit bedeuten. Was wir von der Welt erfahren, ist überall das „Sein". Das „Nichtsein", wie sich später herausstellen wird, ist bloß (man beachte dieses ist: das „Nichtsein" „ist") eine Vorstellung von uns leerem Raum: das heißt, der

337

Raum ist an sich nicht leer. Wir, die gewöhnt sind, Dinge bestimmter Struktur zu sehen, empfinden Räume, die diese Dinge entbehren, als leer.

(Fortsetzung am 17. Juli)

Aufgliederung des Textes

Mir ist sauübel durch Kopfschmerzen, die nach langer Zeit zum ersten Mal wieder, dafür aber mit unverschämter Stärke, da sind. Was will ich jetzt machen? Tabletten fehlen, Schlaf fehlt, die Lust zu lernen ist wie nie gekannt. Trockenes Brot liegt vor. Ich möchte das ankotzen. Wohl Bier, obwohl ohne besonderen Genuss, mehr aus lieber Gewohnheit, trinke ich. Ob ich schreiben soll? Und was? Das Denken wird zur Qual. Meine Augen gehen dauernd in Ruhestellung. Was soll's.

Es war mal ein Mann, der sich glaubte und alles das glaubte, was er glaubte.

Abgeschrieben ist jetzt zunächst der Wert einer Empfindung, so, wie sie in ihrer Breite formgebend wird!

Wir müssen uns ganz einfach fragen: Ist das uns Umgebende echt? Und was ist das eigentlich, was Kontakt zu uns oder zu dem wir Kontakt aufnehmen? Man könnte eine Maschine bauen, die hineingelegte Objekte untersucht und das Ergebnis auswirft. Dann hätten wir tatsächlich unumstößliche Werte wie die Höhe, die Tiefe, die Weite, das Gewicht, die Farbe, die Substanzqualitäten, die Temperatur usw.

Aber sind das unumstößliche Werte, die da ermittelt werden?

Ich glaube, wir können nur sagen: die Maschine untersucht ihrer Bau- und Funktionsart entsprechend das Objekt, es findet ein bestimmter Reaktionsablauf statt, der in seiner analytischen Kleinheit erdacht und konstruiert wurde, der aber in der Art seines dynamischen Ablaufs ganz dem zu untersuchenden Objekt unterliegt insofern, als die Erscheinung des Objektes die (Erscheinung) des sekundären oder besser Partner-Objektes, der Maschine, modifiziert, dass also die Ergebnisse immer recht individuell sind, entsprechend dem Vorgang. Von Automatie darf hier absolut keine Rede sein. Die Automatie ist ein Schlagwort, das irgendwo aus der Breite, Tiefe und Höhe eines rationell denkenden Menschengeschlechtes erschienen ist. Die Automatie als solche ist total wertlos. Sie ist kein Kernwort, ein Wort wie Suppe oder Hühnerfutter oder unter Umständen Bier. Man soll sich darüber nicht hauen.

Es ist hier nach Werten, nicht nach Worten gefragt!

Gibt es etwas Tatsächliches? Die Maschine kann es nicht. Was sind und was vermögen wir? Erstens, wenn es dunkel ist, zweitens, wenn es hell ist, drittens im Winter, viertens im Sommer, fünftens in der Not, sechstens beim Tanz usf., meine Herren, usf.

Gezwungenermaßen muss man etwas zurückschrauben!

Der Baum stimmt nicht und der Tee, weil der eine in der Wüste dran erhängt wurde und der andere leidenschaftlicher Trinker war. Haben wir den Kontakt zur Materie verloren? Was wissen wir von ihr? Hatten wir jemals Kontakt? Was ist das, was wir empfinden, was wir leben? Wie sieht das Lebensgefühl beschrieben aus, wie ist es? Es wird so viel von unzählig vielen, irremachenden Faktoren gesprochen, die einen Einfluss in der Kausalität haben, die teils im Kreis befindlich, teils gereiht oder zu- und nebengeordnet, über- und untergeschlagen, mit sagenhaft vielen

Ausläufern versehen sind. Dabei bleibt aber der kleinste Faktor ein Komplex. Man stelle sich vor: der Wagen von einem alten Mann (Frage: Warum alten?) ist stehen geblieben. Da kommt ein hilfsbereiter junger Mann pfeifend daher, sieht das. Hilfsbereit wie er ist, geht er zum Auto, das da stehen geblieben, erkundigt sich, was los ist, und schiebt. Da haben wir es! Wo will hier ein Strebsamer die zwei wesentlichsten komplexen Faktoren kristallisieren.

Ein Dilemma! Man kommt so nicht weiter!

Auch wenn der Wagen weiterfährt, fährt er todsicher gegen einen Baum, und Mann, Auto, Baum sind dann sehr oft tot, manchmal auch einzeln oder in Zweiergruppen, manchmal bedingt.

Ich glaube, aus der Erkenntnis heraus, dass der Mensch ein kleiner Tropfen im Meer ist, umgeben von Wasser, sollten wir sagen, dass uns in direkter Beziehung das Sein zum größten Teil verschlossen ist. Was wir wissen, steht in einem bestimmten Verhältnis zu unserem Sein mit seinen Eigenheiten.

Rein formal: Wir hören, sehen, riechen, schmecken, also wir leiten Empfindungen von irgendwelchen Dingen mit Hilfe bestimmter Einrich-

tungen in jenes Zentrum X, das wir mal mit dem Lebenszentrum, dem Gefühl des Seins gleichsetzen wollen!

Da kommt es zu irgendwelchen Reaktionsabläufen, die man noch nicht ganz erfasst hat. Auf den ersten Blick scheint aber alles darauf hinauszulaufen, dass die Erhaltung das wesentliche Merkmal im Prozess aller Dinge zu sein scheint. Doch darüber später. Es ist müßig, jetzt eine genaueste Erklärung der Miniaturvorgänge in unserem Organismus geben zu wollen. Das können wir noch nicht, weil viele Ideen, Methoden, Erfahrungen noch fehlen. Jede Wissenschaft ist eine Erfahrungswissenschaft. Ihre Elemente sind die Nebensächlichkeiten, ihre Dynamik ist die Kombination. Wir müssen den Menschen bis zu einer gewissen Grenze noch setzen, solange die letzten Zusammenhänge, die ihn umgeben, ungeklärt sind. Aber auch mit einem zum Teil gesetzten Menschen kann man schon eine Menge anfangen, oder er mit sich. Zum Beispiel kann er sehr aufmerksam durch die Welt gehen, interessiert für alles, mit einem gesunden Gedächtnis und Vergleichsvermögen. Ein solcher Mensch wird bestimmt eines Tages feststellen, dass er lebt, dass er alles das tut, was ein Mensch tut, und alles das tun kann, was ein Mensch tun kann.

Wenn er es kann!

Er wird praktisch von sich sagen können: Da bin ich und so ist es gut oder schlecht. Jedenfalls kann er eine Aussage machen, die wichtig ist. Er kann differenzieren: er kann das Sein einem Nichtsein gegenüberstellen.

Er wird sagen können: Ich bin!

Dieses „bin" ist die erste Person, gebildet vom Hilfsverb „esse" oder „sein".

Das wichtigste Hilfsverb in der Weltgeschichte überhaupt!

Es definiert und erklärt alles: ob der Kleingärtner sagt: „Die Tomaten sind in diesem Jahr faul." – Oder der Maurer sagt: „Der Speis ist gut." – Oder der Chemiker: „Der Kohlenstoff ist vierwertig und die Wohnungsmiete heutzutage viel zu hoch."

Überall stoßen wir auf dieses „sein", dessen grundsätzliche und wahre Bedeutung in sich selbst, der Realität, verborgen liegt!

Es kann einfach aus dieser nicht herausgelöst werden, weil das an sich ein sehr großer Widerspruch wäre.

Man kann dem Sein nicht das Sein entziehen! Es würde in sich zusammenstürzen, würde definitionslos jeder Konkretisierung die allergrößte Unmöglichkeit bedeuten! Was wir von der Welt erfahren, ist überall das „Sein"!

Das „Nichtsein", wie sich später herausstellen wird, <u>ist</u> bloß (man beachte dieses „ist": Das „<u>Nichtsein</u>" „<u>ist</u>") eine Vorstellung von <u>uns</u> leerem Raum, das heißt, der Raum ist an sich nicht leer. Wir, die gewöhnt sind, Dinge bestimmter Struktur zu sehen, empfinden Räume, die diese Dinge entbehren, als leer.

(Fortsetzung 17. Juli)

<u>Deutung</u>

➢ Nach dem ersten Absatz folgt eine in Dialogform geschriebene Betrachtung zu unserem Dasein. Die fett geschriebenen Passagen könnten eigentlich auch in den übrigen Text integriert werden, setzen sich aber doch stilistisch, inhaltlich und auch von ihrer Bestimmtheit her vom übrigen Text ab. Letzterer beinhaltet spontane Gedanken von mir, die nicht überarbeitet wurden und sich stellen- weise als sprunghaft und unausgegoren darstellen. Ich gehe davon aus, dass der Dialog in Zusammenarbeit mit einem geistigen Gesprächspartner zustande gekommen ist, um wichtige Erkennt- nisse zu unserem Dasein herauszuarbei- ten.

Mir ist sauübel durch Kopfschmerzen, die nach langer Zeit zum ersten Mal wieder, dafür aber mit unverschämter Stärke, da sind.

> „aber" wurde eingefügt.

Was will ich jetzt machen? Tabletten fehlen, Schlaf fehlt, die Lust zu lernen ist wie nie ge- kannt. Trockenes Brot liegt vor. Ich möchte das ankotzen. Wohl Bier, obwohl ohne besonderen Genuss, mehr aus lieber Gewohnheit, trinke ich. Ob ich schreiben soll? Und was? Das Denken wird zur Qual. Meine Augen gehen dauernd in Ruhestellung. Was soll's.

Es war mal ein Mann, der sich glaubte und alles das glaubte, was er glaubte.

> „Etwas glauben" hat im Wörterbuch der deutschen Sprache von Bertels-

mann (Wö. d. dt. Spr. v. Be.) an erster Stelle die Bedeutung von „etwas für wahr, für richtig halten".

Abgeschrieben ist jetzt zunächst der Wert einer Empfindung, so, wie sie in ihrer Breite formgebend wird!

> Denn ich schrieb ja: „Es war mal ein Mann ..." – „Etwas abschreiben" hat im Wö. d. dt. Spr. v. Be. an zweiter Stelle die Bedeutung von „auf etwas verzichten".

Wir müssen uns ganz einfach fragen: Ist das uns Umgebende echt? Und was ist das eigentlich, was Kontakt zu uns oder zu dem wir Kontakt aufnehmen? Man könnte eine Maschine bauen, die hineingelegte Objekte untersucht und das Ergebnis auswirft. Dann hätten wir tatsächlich unumstößliche Werte wie die Höhe, die Tiefe, die Weite, das Gewicht, die Farbe, die Substanzqualitäten, die Temperatur usw.

Aber sind das unumstößliche Werte, die da ermittelt werden?

Ich glaube, wir können nur sagen: die Maschine untersucht ihrer Bau- und Funktionsart entspre-

chend das Objekt, es findet ein bestimmter Reaktionsablauf statt, der in seiner analytischen
Kleinheit erdacht und konstruiert wurde, der
aber in der Art seines dynamischen Ablaufs ganz
dem zu untersuchenden Objekt unterliegt insofern, als die Erscheinung des Objektes die (Erscheinung)

> Das wiederholte Wort „Erscheinung" ist
> eingefügt.

des sekundären oder besser Partner-Objektes,
der Maschine, modifiziert, dass also die Ergebnisse immer recht individuell sind, entsprechend
dem Vorgang. Von Automatie darf hier absolut
keine Rede sein. Die Automatie ist ein Schlagwort, das irgendwo aus der Breite, Tiefe und
Höhe eines rationell denkenden Menschengeschlechtes erschienen ist. Die Automatie als solche ist total wertlos. Sie ist kein Kernwort, ein
Wort wie Suppe oder Hühnerfutter oder unter
Umständen Bier. Man soll sich darüber nicht
hauen.

**Es ist hier nach Werten, nicht nach Worten ge-
fragt!**

Gibt es etwas Tatsächliches? Die Maschine kann
es nicht.

> Die Maschine kann es nicht vermitteln.

Was sind und was vermögen wir? Erstens, wenn es dunkel ist, zweitens, wenn es hell ist, drittens im Winter, viertens im Sommer, fünftens in der Not, sechstens beim Tanz usf., meine Herren, usf.

Gezwungenermaßen muss man etwas zurückschrauben!

Der Baum stimmt nicht und der Tee,

> „Der Baum ist ein archetypisches Symbol des Lebens, wie es sich in den Begriffen Lebensbaum und Stammbaum niederschlägt. Als Traumsymbol deutet der Baum meist auf die persönliche Entwicklung und das Wachstum des Träumenden hin ...“ (Günter Harnisch). – Im Wö. d. dt. Spr. v. Be. hat „stimmen“ an erster Stelle die Bedeutung von „richtig sein, wahr sein“, zum Beispiel „es stimmt (nicht), was du sagst“. – Bezüglich Tee bzw. Kaffee schreibt Günter Harnisch: „Dieses Traumbild weist auf Geselligkeit, geistige Anregungen, gesteigerte Aktivität und Lebensgenuss hin.“

weil der eine in der Wüste dran erhängt wurde

> Wohl zu verstehen im Sinne von: weil
> der eine Mensch in der Wüste am Baum
> erhängt wurde. – „Im Allgemeinen sig-
> nalisiert das Traumbewusstsein mit
> dem Bild der Wüste die Gefahr seeli-
> scher Vereinsamung und eines seelisch-
> geistigen Stillstands …" (Günter Har-
> nisch)

und der andere leidenschaftlicher Trinker war.

> Im Wö. d. dt. Spr. v. Be. hat „leiden-
> schaftlich" an erster Stelle die Bedeu-
> tung von „voll leicht erregbaren Ge-
> fühls, nicht durch die Vernunft gezü-
> gelt".

Haben wir den Kontakt zur Materie verloren?
Was wissen wir von ihr? Hatten wir jemals Kontakt? Was ist das, was wir empfinden, was wir
leben? Wie sieht das Lebensgefühl beschrieben
aus, wie <u>ist</u> es? Es wird so viel von unzählig vielen, irremachenden Faktoren gesprochen, die
einen Einfluss in der Kausalität haben, die teils im
Kreis befindlich, teils gereiht oder zu- und
nebengeordnet, über- und untergeschlagen, mit
sagenhaft vielen Ausläufern versehen sind. Dabei
bleibt aber der kleinste Faktor ein Komplex. Man

stelle sich vor: der Wagen von einem alten Mann (Frage: Warum alten?) ist stehen geblieben. Da kommt ein hilfsbereiter junger Mann pfeifend daher, sieht das. Hilfsbereit wie er ist, geht er zum Auto, das da stehen geblieben, erkundigt sich, was los ist, und schiebt. Da haben wir es! Wo will hier ein Strebsamer die zwei wesentlichsten komplexen Faktoren kristallisieren.

Ein Dilemma! Man kommt so nicht weiter!

Auch wenn der Wagen weiterfährt, fährt er todsicher gegen einen Baum,

> ➢ Eine dumme Äußerung von mir. Damals schätzte ich das Fahrverhalten von alten Menschen nicht sonderlich.

und Mann, Auto, Baum sind dann sehr oft tot, manchmal auch einzeln oder in Zweiergruppen, manchmal bedingt.

> ➢ Im Wö. d. dt. Spr. v. Be. hat „bedingt" an zweiter Stelle die Bedeutung von „mit Einschränkung", zum Beispiel „das ist nur bedingt richtig".

Ich glaube, aus der Erkenntnis heraus, dass der Mensch ein kleiner Tropfen im Meer ist, umgeben von Wasser, sollten wir sagen, dass uns in direkter Beziehung das Sein zum größten Teil verschlossen ist. Was wir wissen, steht in einem bestimmten Verhältnis zu unserem Sein mit seinen Eigenheiten.

Rein formal: Wir hören, sehen, riechen, schmecken, also wir leiten Empfindungen von irgendwelchen Dingen mit Hilfe bestimmter Einrichtungen in jenes Zentrum X, das wir mal mit dem Lebenszentrum, dem Gefühl des Seins gleichsetzen wollen!

Da kommt es zu irgendwelchen Reaktionsabläufen, die man noch nicht ganz erfasst hat. Auf den ersten Blick scheint aber alles darauf hinauszulaufen, dass die Erhaltung das wesentliche Merkmal im Prozess aller Dinge zu sein scheint. Doch darüber später. Es ist müßig, jetzt eine genaueste Erklärung der Miniaturvorgänge in unserem Organismus geben zu wollen. Das können wir noch nicht, weil viele Ideen, Methoden, Erfahrungen noch fehlen. Jede Wissenschaft ist eine Erfahrungswissenschaft. Ihre Elemente sind die Nebensächlichkeiten, ihre Dynamik ist die Kombination. Wir müssen den Menschen bis zu einer gewissen Grenze noch setzen, solange die letzten Zusammenhänge, die ihn umgeben, ungeklärt sind.

> „Etwas setzen" hat nach dem Wö. d. dt. Spr. v. Be. unter anderem die Bedeutung von „festlegen, bestimmen".

Aber auch mit einem zum Teil gesetzten Menschen kann man schon eine Menge anfangen, oder er mit sich. Zum Beispiel kann er sehr aufmerksam durch die Welt gehen, interessiert für alles, mit einem gesunden Gedächtnis und Vergleichsvermögen. Ein solcher Mensch wird bestimmt eines Tages feststellen, dass er lebt, dass er alles das tut, was ein Mensch tut, und alles das tun kann, was ein Mensch tun kann.

Wenn er es kann!

Er wird praktisch von sich sagen können: Da bin ich und so ist es gut oder schlecht. Jedenfalls kann er eine Aussage machen, die wichtig ist. Er kann differenzieren: er kann das Sein einem Nichtsein gegenüberstellen.

Er wird sagen können: Ich bin!

Dieses „bin" ist die erste Person, gebildet vom Hilfsverb „esse" oder „sein".

> „esse" ist das lateinische Wort für „sein".

Das wichtigste Hilfsverb in der Weltgeschichte überhaupt!

Es definiert und erklärt alles: ob der Kleingärtner sagt: „Die Tomaten sind in diesem Jahr faul." – Oder der Maurer sagt: „Der Speis ist gut." – Oder der Chemiker: „Der Kohlenstoff ist vierwertig und die Wohnungsmiete heutzutage viel zu hoch."

Überall stoßen wir auf dieses „sein", dessen grundsätzliche und wahre Bedeutung in sich selbst, der Realität, verborgen liegt!

Es kann einfach aus dieser nicht herausgelöst werden, weil das an sich ein sehr großer Widerspruch wäre.

Man kann dem Sein nicht das Sein entziehen! Es würde in sich zusammenstürzen, würde definitionslos jeder Konkretisierung die allergrößte Unmöglichkeit bedeuten! Was wir von der Welt erfahren, ist überall das „Sein"!

Das „Nichtsein", wie sich später herausstellen wird, ist bloß (man beachte dieses „ist": Das „Nichtsein" „ist") eine Vorstellung von uns leerem Raum, das heißt, der Raum ist an sich nicht leer. Wir, die gewöhnt sind, Dinge bestimmter

Struktur zu sehen, empfinden Räume, die diese Dinge entbehren, als leer.

(Fortsetzung 17. Juli)

Das ist der Witz vom Raum. Was wichtig ist für eine Erfolg versprechende Naturphilosophie, ist die grundlegende Tatsache, dass wir in einem an sich wertlosen Sein leben. Wertlos, weil die uns das Sein ausmachenden Dinge nur Glieder aus einer unendlichen Zahl von Seinsmodifikationen sind. Wenn einer Philosoph werden will, muss sein wichtigster Charakterzug und der stärkst entwickelte das Misstrauen sein. Er darf einfach nicht glauben. Wenn man anfängt zu glauben, ist man garantiert verloren. Das ist so sicher wie das Amen in der Kirche. Der Mensch ist ein Wesen, das innere Sicherheit sucht. Um den Ausgleich oder die Kompensation der vielen Fragen seiner Sturm- und Drangzeit zu finden, neigt er dazu, allmählich eine gewisse Anschauung über sein Leben, das Leben der Nachbarn, der Welt und allen möglichen Kram zu zimmern. Bekannt ist seit Jahrtausenden, dass diese Anschauungen subjektiv, das heißt personengebunden sind, also nichts mit einer allgemein gültigen Definition, der wahren Seinsdefinition, gemein haben können. Sie sind relativ, in übersichtlicher Kausalität zwischen Subjekt – Objekt entstanden.

Nun, wir wollen uns fragen, ob die Kausalität denn überhaupt aus der geistigen Produktion eines Denkers herauszudenken ist? Ob dieses verlangte, urtümliche Misstrauen des werdenden Philosophen etwas anderes ist als die Eigenart des Komplexes Körper – Geist, wenn letztere Parallelisierung hier mal erlaubt sein soll. Wir wissen noch nichts Definitives darüber, müssen aber an Hand starker Erfahrungstatsachen annehmen, dass jedwede Geistesrichtung, neige sie mehr zum Schuster oder mehr zum Physiologen, in direkter Abhängigkeit von einer Zustandsformel, die den Komplex Mensch momentan ausdrücken soll, steht. Es darf nicht angenommen werden, dass ein zum Weinen veranlagter Mensch sein Leben lang lacht oder ein mit Begierde speistragender Handlanger nun plötzlich ohne besonderen oder allgemeinen Grund die Venia legendi für Transzendentalphilosophie bekommt. Das wäre ein starkes Stück, das mich wieder in die Kirche zurückbringen würde.

Aufgliederung des Textes

Das ist der Witz vom Raum. Was wichtig ist für eine erfolgversprechende Naturphilosophie, ist die grundlegende Tatsache, dass wir in einem an sich wertlosen Sein leben. Wertlos, weil die uns das Sein ausmachenden Dinge nur Glieder aus einer unendlichen Zahl von Seinsmodifikationen sind. Wenn einer Philosoph werden will, muss sein wichtigster Charakterzug und der stärkst entwickelte das Misstrauen sein. Er darf einfach nicht glauben. Wenn man anfängt zu glauben, ist man garantiert verloren. Das ist so sicher wie das Amen in der Kirche.

Der Mensch ist ein Wesen, das innere Sicherheit sucht!

Um den Ausgleich oder die Kompensation der vielen Fragen seiner Sturm- und Drangzeit zu finden, neigt er dazu, sich allmählich eine gewisse Anschauung über sein Leben, das Leben der Nachbarn, der Welt und allen möglichen Kram zu zimmern.

Bekannt ist seit Jahrtausenden, dass diese Anschauungen subjektiv, das heißt personengebunden sind, also nichts mit einer allgemein gültigen Definition, der wahren Seinsdefinition, gemein haben können! Sie sind relativ, in übersichtlicher Kausalität zwischen Subjekt – Objekt entstanden!
Nun, wir wollen uns fragen, ob die Kausalität denn überhaupt aus der geistigen Produktion eines Denkers herauszudenken ist. Ob dieses verlangte, urtümliche Misstrauen des werdenden Philosophen etwas anderes ist als die Ei-

genart des Komplexes Körper – Geist, wenn letztere Parallelisierung hier mal erlaubt sein soll!

Wir wissen noch nichts Definitives darüber, müssen aber anhand starker Erfahrungstatsachen annehmen, dass jedwede Geistesrichtung, neige sie mehr zum Schuster oder mehr zum Physiologen, in direkter Abhängigkeit von einer Zustandsformel, die den Komplex Mensch momentan ausdrücken soll, steht. Es darf nicht angenommen werden, dass ein zum Weinen veranlagter Mensch sein Leben lang lacht, oder ein mit Begierde speistragender Handlanger nun plötzlich ohne besonderen oder allgemeinen Grund die Venia legendi für Transzendentalphilosophie bekommt. Das wäre ein starkes Stück, das mich wieder in die Kirche zurückbringen würde.

Deutung

Das ist der Witz vom Raum. Was wichtig ist für eine erfolgversprechende Naturphilosophie, ist die grundlegende Tatsache, dass wir in einem an sich wertlosen Sein leben.

> ➢ Aus meiner damaligen wissenschafts-
> gläubigen bzw. materialistischen Sicht

Wertlos, weil die uns das Sein ausmachenden Dinge nur Glieder aus einer unendlichen Zahl von Seinsmodifikationen sind.

> ➤ Diese Aussage ist nicht zulässig, weil uns das Wesen und der Umfang des Seins noch nicht ausreichend bekannt sind.

Wenn einer Philosoph werden will, muss sein wichtigster Charakterzug und der stärkst entwickelte das Misstrauen sein.

> ➤ Abgesehen von der Unreife dieser Meinung hätte ich statt Misstrauen besser Skepsis geschrieben.

Er darf einfach nicht glauben.

> ➤ Stimmt nicht, denn ein Wanderer in einer ihm unbekannten Gegend ist gezwungen, nach dem Weg zu fragen und den ihm gemachten Angaben zunächst einmal zu glauben.

Wenn man anfängt zu glauben, ist man garantiert verloren. Das ist so sicher wie das Amen in der Kirche.

> ➤ Einfach falsch. Auf dem Weg des Glaubens macht man seine Erfahrungen, die dann weiterführen.

Der Mensch ist ein Wesen, das innere Sicherheit sucht!

Um den Ausgleich oder die Kompensation der vielen Fragen seiner Sturm- und Drangzeit zu finden, neigt er dazu, sich allmählich eine gewisse Anschauung über sein Leben, das Leben der Nachbarn, der Welt und allen möglichen Kram zu zimmern.

Bekannt ist seit Jahrtausenden, dass diese Anschauungen subjektiv, das heißt personengebunden sind, also nichts mit einer allgemein gültigen Definition, der wahren Seinsdefinition, gemein haben können! Sie sind relativ, in übersichtlicher Kausalität zwischen Subjekt – Objekt entstanden!
Nun, wir wollen uns fragen, ob die Kausalität denn überhaupt aus der geistigen Produktion eines Denkers herauszudenken ist. Ob dieses verlangte, urtümliche Misstrauen des werdenden Philosophen etwas anderes ist als die Eigenart des Komplexes Körper – Geist, wenn letztere Parallelisierung hier mal erlaubt sein soll!

Wir wissen noch nichts Definitives darüber, müssen aber anhand starker Erfahrungstatsachen annehmen, dass jedwede Geistesrichtung, neige sie mehr zum Schuster oder mehr zum Physiologen, in direkter Abhängigkeit von einer Zustandsformel, die den Komplex Mensch momentan ausdrücken soll, steht. Es darf nicht angenommen werden, dass ein zum Weinen veranlagter Mensch sein Leben lang lacht, oder ein mit Begierde speistragender Handlanger nun plötzlich ohne besonderen oder allgemeinen Grund die Venia legendi für Transzendentalphilosophie bekommt. Das wäre ein starkes Stück, das mich wieder in die Kirche zurückbringen würde.

Quellenverzeichnis

Ernst Aeppli: Der Traum und seine Deutung. Eugen Rentsch Verlag, Zürich 1943

Heinrich Elijah Benedikt: Die Kabbala. Verlag Hermann Bauer, Freiburg im Breisgau 2001

Bertelsmann: Wörterbuch der deutschen Sprache. Wissen Media Verlag GmbH (vormals Bertelsmann Lexikon Verlag GmbH), Gütersloh/München 2004

Dr. Friedrich W. Doucet: Das große Buch der Traumdeutung. Verlag Kremayr u. Scheriau, Wien 1978

Duden: Das Synonymwörterbuch. Dudenverlag, Mannheim/Zürich 2010

Duden: Die deutsche Rechtschreibung. Dudenverlag, Berlin/Mannheim/Zürich 2013

Georg Fink: Traumdeutung. Falken Verlag GmbH, Niederhausen/Ts 1996

Günter Harnisch: Das große Traumlexikon. Herder Verlag, Freiburg im Breisgau 1989/1996

Pschyrembel: Klinisches Wörterbuch, 258. Aufl.

Redensarten-Index: Lexikon für Redewendungen, Redensarten, deutsche Sprichwörter

Lutz Röhrich: Lexikon der sprichwörtlichen Redensarten. Verlag Herder, Freiburg im Breisgau 2003

Thesaurus: Synonyme

Der Traumdeuter.ch (Internet)

Wahrig: Fremdwörterlexikon. Wissen Media Verlag GmbH, Gütersloh/München 2007
Wikipedia, die freie Enzyklopädie
Woxikon: Online Synonym-Wörterbuch